探寻中华文化之美

品味

风俗文化

王雯倩 ◎ 著

新华出版社

图书在版编目（CIP）数据

探寻中华文化之美：品味风俗文化 / 王雯倩著 .
— 北京：新华出版社，2023.9
ISBN 978-7-5166-7103-0

Ⅰ.①探… Ⅱ.①王… Ⅲ.①风俗习惯 – 研究 – 中国
Ⅳ.① K892

中国国家版本馆 CIP 数据核字（2023）第 192438 号

探寻中华文化之美：品味风俗文化

| 作　　者：王雯倩 |

责任编辑：蒋小云　　　　　　　　**封面设计**：尚书堂

出版发行：新华出版社
地　　址：北京石景山区京原路 8 号　**邮　　编**：100040
网　　址：http://www.xinhuapub.com
经　　销：新华书店
　　　　　新华出版社天猫旗舰店、京东旗舰店及各大网店
购书热线：010-63077122　　　**中国新闻书店购书热线**：010-63072012

照　　排：北京亚吉飞数码科技有限公司
印　　刷：北京亚吉飞数码科技有限公司

成品尺寸：165mm×235mm　　　1/16
印　　张：14　　　　　　　　　**字　　数**：155 千字
版　　次：2024 年 1 月第一版　　**印　　次**：2024 年 1 月第一次印刷

书　　号：ISBN 978-7-5166-7103-0
定　　价：86.00 元

前　言

风俗文化是中华民族在长期的发展过程中共创、共享、传承的传统文化，是中华儿女共同的历史记忆和思想烙印。

本书带你品味风俗文化，沉浸式探寻存续千年而仍能拨动民族心弦的丰富传统风俗，探访不同水土孕育滋润着的地方特色风俗。

首先，跟随本书追根溯源，探寻风俗文化的起源，回首风俗文化在华夏传统文化和中华民族共同文化心理中滋生、发展的历程。

接下来，携手本书一起领略丰富多彩的中华风俗文化。

岁时风俗，斗转星移，周而复始，先民们观天象、定农事，在二十四节气中迎接四季变换、春耕秋收。

节日风俗，是华夏民族独特的文化记忆，辞旧迎新、踏青赏月，华夏儿女的民族情怀都蕴藏在浓浓的节庆氛围里。

生活风俗，包括服饰审美、饮食养生、民居建筑、出行礼俗等，是浓缩在普通百姓衣食住行中的文化创造与生活智慧。

社会风俗，包罗万象，于男婚女嫁、文明礼仪和传统美德中见证烟火人间的世事百态。

地域风俗，各具特色，古者百里异习，千里殊俗，不同地理环境与气候条件培育了不同地域人们独特的民族性格和地方风情，极大地丰富了中华风俗文化体系内容。

风物人情，以小见大，将风俗融入诗词、事象、物象，以具体文字和物象承载风俗的传播、传承与创新。

整体来看，本书逻辑清晰、结构完整，文字清丽，深入浅出地阐释了中华风俗文化。书中特设"指点迷津"和"风俗妙趣"板块，拓展风俗相关知识和趣说人们喜闻乐见的风俗文化，为读者带来轻松愉悦的阅读体验。

中华风俗，灿若繁星，不一而足。品味传统风俗的深厚积淀，感叹地域风俗的别具一格，于时光流转中享受一场中华风俗文化的洗礼。阅读本书，相信你定会收获颇丰、回味无穷。

作　者

2023 年 3 月

目　录

第二章　岁时风俗，斗转星移，周而复始

第三章　节日风俗，华夏民族独特的文化记忆

第四章　生活风俗，衣食住行中饱含劳动智慧

第七章　风物人情，道不尽中华五千年文明风采

魅力中华风俗，流传千古

中华文明历史悠久，古老
沧桑，在上下五千年文明史的演变进程
中，逐步形成了内涵丰富、独具魅力的中华风俗
文化。其中，既有人们所熟知的清明、端午、中秋、
新春等传统文化风俗，也有火把节、泼水节等各个民
族独特的风俗习惯，还有服饰穿戴等风俗，涵盖了婚丧
嫁娶、衣食住行等各个方面。这些淳厚质朴、韵味悠
长的风俗文化，不仅是中华文明的历史印记与缩
影，也是每一位中华儿女内心深处难以忘怀
的"精神家园"。

探寻中华风俗的起源

　　中华风俗，多姿多彩，形式多样，是中华民族心理、文化以及思想情感共同集合下的产物。探寻博大精深、极具民族精神和智慧的中华风俗，就必然要从中华风俗的起源谈起。中华风俗的历史悠久，经历了不同的发展阶段，并在不断发展的过程中逐步丰富。

朴实的史前风俗文化

　　史前时期（夏王朝建立之前）所形成的风俗文化，是先民们同大自然作斗争的产物。这一时期形成的风俗习惯不单单是中华风俗的源头，也对后世风俗的演变和传承带来了深远的影响。

　　比如，史前先民的饮食风俗为传承几千年的中华饮食文化的形成奠定了基础。旧石器时代，先民们的原始饮食习惯可以用"茹毛饮血"四字来概括。后来，随着火和石器的使用，先民们放弃生食，逐渐步入熟食时代，且慢慢产生了种植、饲养和进一步加工食物的活动。而种植业、畜牧业的兴起和陶器的发明使用，极大地方便了先民的饮食生活，形成的很多风俗习惯甚至延续至今，如种植粟、麦等作物，饲养牛、狗等家畜，吃烤肉，等等。

新石器时代陶器

史前先民在居住方面延续着巢居和穴居的风俗习惯。穴居指的是挖掘洞窟居住，为中国古代土台建筑的形成奠定了基础。巢居指的是在树上筑巢而居，这种居住风俗促进了古代木台建筑的诞生。

服饰也是史前风俗的重要组成部分。考古资料表明，在旧石器时代末期，先民们发明并运用骨针缝制兽皮穿在身上，用来抵御严寒。到了新石器时代，已经出现了抽纱捻线的纺轮。先民们用植物纤维（如葛、苎麻纤维等）来织布，进而制作衣物。简单而言，史前服饰风俗文化呈现出丰富多彩的特征，体现了史前先民别样的审美观念。

综合而言，史前时期所形成的各类风俗习惯，是先民们社会生活的重要体现，带有鲜明的特征。

丰富的古代风俗文化和近现代风俗文化

从夏王朝到近代鸦片战争之前，这一历史时期产生的各类民俗与行为规范，都可以归结为古代风俗的范畴。

古代风俗是中华风俗最为重要的组成部分之一，我国相沿已久的风俗文化习惯，大多是在这一阶段内产生和发展起来的。

夏、商、周三个朝代，在中国古代史上占有着重要的地位，时间跨度长达1000多年。在漫长的历史时期内，中原地区各个氏族部落，以及周边各民族，彼此之间相互交流融合，逐渐发展壮大，共性的风俗文化也得以逐步形成，最终构建出了中华民族统一的风俗格局。

从现有的考古史料、出土实物和文化遗迹等方面综合分析不难看出，至少在商代时期，当时的社会风俗依旧带有上古时期的浓厚色彩，巫术、占卜、殉葬等风俗现象依然大量存在。

甲骨——商朝占卜的工具

到了周王朝时期，社会文明有了新的发展进步，以《周礼》和《礼记》的出现为代表，充分表明这一历史时期的风俗礼仪在官方层面上得到了较好的规范与约束，更具社会性和系统性，其中既有"礼"的规范指导，又有"俗"的社会风潮体现，这也使得周代风俗的生命力和传承力度更强。

以当时的婚姻风俗为例，周人举办婚礼，大致分为六个部分，分别为纳采、问名、纳吉、纳征、请期、亲迎六步骤。在此后长达2000多年的封建社会里，周朝时期形成的这种婚姻风俗，一直延续了下去。

到了春秋战国时期，下延到秦汉时期，中国历史上掀起了新一轮民族大融合的高潮。这一民族大融合，不仅突出了汉民族的主体地位，同时也使得华夏民族的社会风俗进一步趋于统一，整个社会的风俗系统也更为成熟和完备。

秦始皇统一六国后，在全社会层面实施"车同轨""书同文"等政策，在客观上也有效推动了中华民族社会风俗的一致性和同步性。

汉唐时期是中国封建社会发展的高峰，佛教传入，道教兴起，各民族之间的交流融合也更加深入频繁。尤其是大唐王朝，开放自由、包容万物、雍容大度的盛唐国风有力地促进了中国社会风俗的进一步发展进步。

宋、元、明、清时期，中国的社会风俗有了更进一步的发展，并最终趋于稳定。值得一提的是，在商品经济发展和城市商业繁荣的大背景下，宋元以来的都市风俗也越来越丰富多样，别具一格。

近现代以来，翻天覆地的社会大变革也有力地促进了社会风俗从上到下发生了巨大的变革，一个新时代下的崭新的、更为现代化的风俗体系正悄然形成。

图腾崇拜与祭祀

图腾崇拜和相关的祭祀活动是一个国家或民族风俗文化的重要组成内核，也是风俗文化发轫的"先天因子"。

图腾崇拜

◆ 了解图腾崇拜的深层内涵

在世界各民族的起源神话故事中，都或多或少存在着图腾崇拜的传说。所谓的图腾崇拜，本质上是古人的一种祖先崇拜或生殖崇拜。图腾崇拜要追溯到人类文明和智慧开启之初的原始社会时期。学界一般认为，图腾崇拜现象大约出现在旧石器时代晚期的氏族公社时期。

为什么古人会产生图腾崇拜呢？那时候，社会生产力低下，众人为了必要的生存，在日复一日地和大自然作斗争的过程中，出于敬畏心理，常常会选择某种动物或植物，有时也可以是一种物件，当作本氏族的"保护神"或"祖先"。

崇拜的图腾一经选定后，便会成为特定氏族血统认定的重要标志，它是神圣的、光辉的、不可亵渎的存在。崇拜的图腾对象大多数以动物为主，除非特别的需要，一般会禁止随意杀戮或食用该类动物。

图腾崇拜现象带有初步的原始宗教色彩，也是原始宗教最初的样式。比如，人们要定期举行祭祀仪式，也会将图腾对象以图案的方式描绘出来，作为本氏族的徽号或标志使用。

◆ 中国的图腾崇拜文化

和人类文明演化内在规律一致的是，在广袤的中华大地上，早在氏族公社时期，就已经出现了图腾崇拜现象。我们每一位炎黄子孙都自诩为"龙的传人"，这里的龙，其实就是中华民族的图腾。

当然，在原始人类产生图腾崇拜意识之初，龙并非最早得到各氏族公认的图腾崇拜物。

从现今流传下来的各种神话传说中可以看出，在华夏族诞生之初的上古时代，仅以黄河中下游以及渭河流域一带为例，当时就活跃着诸如黄帝部落、炎帝部落、少昊部落等多个原始部落群，每一个部落群都有着各自的图腾崇拜。

《史记》中记载，黄帝和炎帝大战，黄帝驱熊、罴、貔、貅、貙、虎、狼、豹、雕、鹖、鹰、鸢等野兽和猛禽参与作战。显然，这里的禽兽，便有可能是黄帝部落中各个氏族的图腾。

其他各部落中，炎帝氏以火作为本部落的图腾，共工氏以水为部落图腾，太昊氏以龙为部落图腾，不一而足。

再如"炼石补天"的女娲，据说是"人首蛇身"的形象，这反映了上古部落民众的"蛇图腾"崇拜；又如商部落建立的商王朝，"天命玄鸟，降而生商，宅殷土茫茫"，商部落便以"玄鸟"为图腾崇拜。

只是随着时间的流逝，从原始社会进入阶级社会后，图腾崇拜的数量越来越少，越来越趋于统一。很多时候，人们只是将这种神话中的图腾形象当作一种遥远的传说看待。

以"龙"为例，作为现在炎黄子孙共同认可的图腾崇拜，它在成为远古时期某一部落的图腾后，经过时间的沉淀和各部落之间的交流融合，最终固定为一个头像驼、眼像虾、角像鹿以及牛耳、狗鼻、鲶须、狮鬃、蛇颈、鱼鳞、鹰爪的形象，并且在流传过程中也逐步得到了华夏民族的一致认同。龙，就此成了中华民族的精神图腾。

玉龙——中国龙图腾崇拜的实物

风
俗
妙
趣

有趣的葫芦图腾崇拜

在我国各族人民流传的创世纪神话中，将葫芦当作图腾崇拜的，就有汉、白、佤、苗、布依等二三十个民族，他们都相信最初的人类是由葫芦孕育的。

比如汉族最早的图腾崇拜就和葫芦有关。神话传说中有位开天辟地的盘古大神，在古字形和古音中，"盘"字和"夷"字属于形近假借，"古"与"瓠"的读音相近通假，因此"盘古"即为"夷瓠"，而"夷瓠"就是葫芦的另一种叫法。

云南的彝族人在他们的史诗《梅葛》中记载，他们和汉族、傣族等民族的祖先，都是从葫芦中孕育出来的。每逢祭祖大典，他们会在大门上挂上虎头瓢，然后唱歌跳舞祭拜。

早期先民将葫芦作为图腾崇拜对象，也是人类文明诞生过程中古人共同集体记忆意识的留存。

祭祀

祭祀活动和图腾崇拜之间存在着密不可分的关系。出于对自然的敬畏，原始部落的先民们在共同的群体意识中产生了图腾崇拜。而为了表达对图腾崇拜物的敬畏情感，祭祀活动和必要的祭祀礼仪就成了先民们精神层面的寄托载体。

古人的祭祀行为对象并不局限于图腾崇拜物一种。在原始人的心中，认为万物有灵，他们不仅敬畏祖先，也敬畏天地和万物，他们期望能够通过特定的祭祀活动，达到和天地神灵沟通的良好效果，以祈求在祖先和神灵的护佑下，风调雨顺，降福免灾，体现出的是一种和天地和谐共生的理念信仰。

祭祀活动和图腾崇拜一经结合，就成了原始宗教产生的绝佳"土壤"。只不过在原始社会，受当时客观条件的限制，古人的祭祀活动和仪式相对比较质朴简单，点燃篝火，围坐在一起唱歌、跳舞，做到神情虔诚、态度严肃即可。

而到了商代，进入了阶级社会后，随着物质文明的进一步发展，商人的祭祀活动逐渐走向正规，对祭祀的礼仪形式、供品数量和活动环节等各个方面，也都有了一套严格的要求。在这个时候，祭祀的对象也进一步明确为"天神、地祇、人鬼"三大类。

其中，天神称作祀，地祇称作祭，人鬼（祖先和供奉他们魂灵的宗庙）称作享。商人认为，鬼神等神秘的事物身上有着巨大的能量，他们能够决定人类的命运走向。正是出于对鬼神的敬仰和尊重，他们便以天神、人鬼（祖先宗庙）作为重点的祭祀对象。

《礼记·祭统》中记载："凡治人之道，莫急于礼。礼有五经，莫重于祭。夫祭者，非物自外至者也，自中出生于心也。心怵而奉之以礼，是故唯贤者能尽祭之义。"这一段话，点明了祭祀的重要性。

《左传》中有这样一句话："国之大事，在祀与戎。"显然，在古人的心目中，祭祀和行军打仗一样重要，关系一个国家的生死存亡。

不仅祭祀本身作为一种特有的风俗文化流传了下来，由祭祀而衍生出来的次一级文化风俗和礼仪方式也世代流传，如清明节、端午节、中元节的由来就和祭祀追思有关，还有一些大型的祭礼、祭奠活动，其实也是祭祀风俗的现实反映。

指点迷津

内涵丰富的祭祀文化

在古代社会，祭祀在国家的政治生活中处于重要地位。

祭祀使用的供品一般以肉食为主，这些肉食献祭品在古代有一个专有的名词，即"牺牲"。

进入"牺牲"名单的肉食献祭品，主要是马、牛、羊、鸡、犬、猪六种牲畜。其中，最常用的牛、羊、猪为"大三牲"，其余组合为"小三牲"。

　　除了肉食之外，神灵也讲究衣着服饰，因此玉帛等物品也不可少。精美的玉璧和一些名贵的丝织物，也都可以拿来作为祭祀的献祭品使用。

　　在祭祀山神、地神时，古人也常采用"瘗埋"的方式，即将祭品埋在地下；如果祭祀水神，则会将祭品沉入水中，希望能够容易被水神接受。

中华风俗背后的文化心理

中华风俗文化是一种源远流长、约定俗成的生活文化，贯穿于我们生活的方方面面，如生存方式、交往方式、行为范式等。探究中华风俗背后的文化心理，能够深层理解其中所蕴含的独特的民族智慧。

宗法制度和宗法观念对风俗文化影响深远

中国长久以来传统文化所依托的重要社会结构，是建立在农业自然经济基础上的宗法制度。从进入阶级社会以来，中国社会历经多次重大变迁，从奴隶社会到封建社会，从夏商周到唐宋元明清，社会阶级属性的改变、王朝的更替，都未能改变以血缘纽带关系为核心的宗法制度。可以说，稳定的宗法制度这一社会结构，对中华民族风俗文化的传承演变，起到了不可忽视的影响作用。

人们对血缘关系远近的重视，其实也是古人宗法观念的重要体现。在这种宗法观念下，家庭成员之间长幼、尊卑关系的确立以及各自的权利和义务，包括家族财产的分配和继承在内，都是由特定的宗法制度决定的。

宗法制度对每一个社会成员的生产活动和生活方式的影响，不仅限于家庭或家族内部，也体现在社会层面。儒家学派所提倡的"君君臣臣、父父子子"的等级观念，正是宗法制度在国家政治伦理层面的延伸。

中华民族传统的风俗文化中，"孝亲敬老""祭祀祖先"等风俗活动，以及大到王室家庙、小到宗族祠堂的修建，无不深受这种以血缘关系为纽带的宗法观念的影响。

皇室家庙北京太庙

杭州萧山孙氏宗祠

礼仪制度和道德规范等方面，也处处受到宗法观念潜移默化的影响。以衣、食、住、行为例，古代社会，从日常穿戴到宅院规模，乃至死后墓葬的大小、规格等，都体现出宗法制度等级高低、上下尊卑观念的制约和影响。

从现有的各种史料中也可以清晰地看出，生活在古代社会，在"三纲五常"道德伦理情感的影响支配下，人们的社会生产和消费，也必须严格遵守一定的等级制度要求。比如穿什么颜色的衣服，出行时需要几匹马驾车，这些都有着详细而又烦琐的规定。

在礼制的约束下，人际交往、婚丧嫁娶等社会生活风俗民情，也都要在礼制允许的范围内进行。

风俗文化背后人们的心理思维

中国风俗文化背后隐含着一定的心理思维，其表现形式是直觉理性的，带有强烈的实用性色彩，体现出寓意美好和敬畏传统的心理特点。同时，这一心理思维方式也深深地影响着中华民族的各类社会风俗民情。

以婚姻庆典为例，在结婚典礼上，为了突出喜庆氛围，表达美好的寓意和祝福，桂圆、花生、枣等物品常常会出现在婚房里面，表达和和美美、团团圆圆、早生贵子、多子多福等美好愿望。

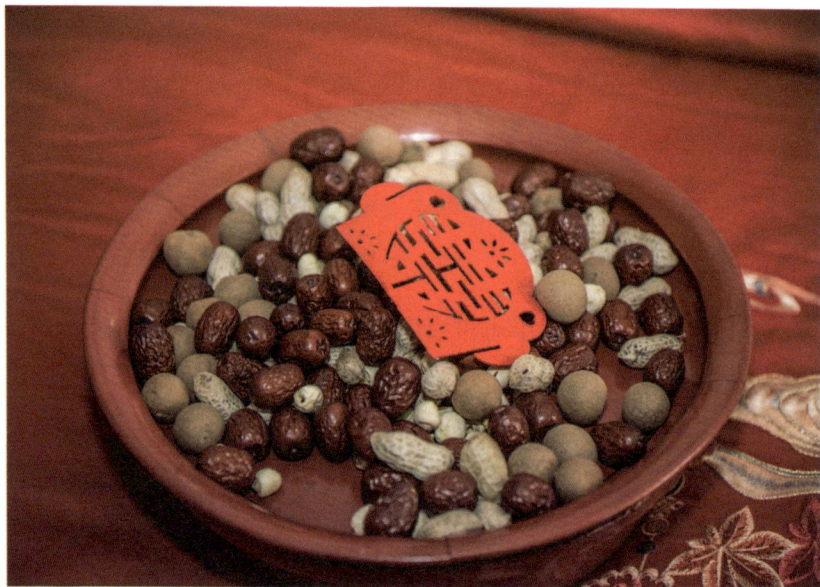

婚房里的桂圆、花生、红枣寓意着幸福、圆满、多子

也有一些地区，在举行婚礼时会有跨火堆、传麻袋等特定的仪式，也是表达对新婚夫妇开启幸福生活的衷心祝愿。

丧葬事宜也是如此。丧葬风俗各种各样，墓穴仿照墓主人生前住所的模样，墓穴内放置随葬品，这些本质上都是为了寄托对逝去亲人的哀思。通过一系列符合礼仪要求程序的丧葬环节，让逝者长眠地下。

简而言之，人们形成了一个普遍心理思维定式，即通过各类风俗仪式去传递美好的祝愿，表达对传统的尊重等。比如，在一些人看来，从古代流传下来的某些传统惯例就是"金科玉律"，对待这些传统惯例的态度无比谨慎和小心，并以此来规范自己的言行举止。

岁时风俗，斗转星移，周而复始

岁时风俗，是我国劳动人民

在长期的生活、生产实践中，梳理、总结

出来的一种和天时、物候规律性转换相对应的风

俗文化。岁时风俗是中华民族精神文化和经验智慧的

结晶，也是中国传统风俗文化的重要构成。

岁时风俗具有三个鲜明的特征。一是约定俗成，

民众广泛参与；二是时间相对固定，以每一年为一周

期，千百年来循环往复，周而复始；三是较好地

反映了民众的生活情趣，蕴含了人们的美好

愿景。

二十四节气

二十四节气是我国古人在长期观察分析的基础上，对一年之内的时令、物候、气候外在变化规律等的综合认识和总结。二十四节气的产生，极大地方便了人们的生活，同时其背后所蕴含的风俗文化也为人们的生活增添了别样的色彩。

二十四节气的由来

人们口口相传的二十四节气，其具体名称分别为立春、雨水、惊蛰、春分、清明、谷雨、立夏、小满、芒种、夏至、小暑、大暑、立秋、处暑、白露、秋分、寒露、霜降、立冬、小雪、大雪、冬至、小寒、大寒。

早在数千年前，我国古人便注意到了太阳周年运动的规律性，然后根据这一规律性，将太阳周年的运动轨迹，均分为二十四份，一个节日对应一个等份，每一年从立春开始，到大寒为止，循环往复，井然有序，二十四节气由此产生。

二十四节气确定后，到了汉代时期，被正式编入官方的《太初历》中，成了指导民众从事社会生活和农业生产的重要历法。

在国际气象界，二十四节气也因其独特的内涵和丰富完备的历法知识体系的总结，而被誉为除造纸术、指南针、火药、印刷术之外的"中国第五大发明"。

二十四节气中，风俗活动知多少

作为人类非物质文化遗产之一，二十四节气蕴含着丰富的文化内涵。每一个节气都衍生出了不少风俗习惯与活动，囊括生活的方方面面。

立春是二十四节气之首，是新的一年四季轮回的开始。立春时节，民间一些地方会举办极具特色的游园会和"抬春"活动，以迎接春天的到来。在饮食上，人们常会有吃春饼、春卷或咬萝卜的风俗习惯，称作咬春或啃春，寓意五谷丰登。

立春时吃春饼和春卷

雨水在立春之后，冰雪消融，雨水渐多，因此有"立春天渐暖，雨水送肥忙"的说法。雨水时节，民间有接寿、回娘家的风俗。而且民间许多地方会开展种植等农业活动，希望获得一个好收成。在饮食上，雨水到来，人们会选择吃新鲜的春笋、荠菜，以及红枣粥等。

惊蛰时节，随着天气转暖和春雷轰鸣，蛰伏一冬的冬眠动物也纷纷开始出来活动了。在一些地区，会举办迎蛰活动，烧艾草驱虫蛇，表示大规模农业耕种活动的来临。一些地方还有惊蛰日祭祀雷神的风俗。另外，在饮食上，民间有惊蛰时吃春梨的风俗，以使五脏平和。晋北地区，惊蛰日还保留着吃粉条、面条的风俗。

雨水时节食用新鲜的春笋

　　春分这一天，南北半球昼夜相等，故名春分。春分来临，民间有"立蛋"的风俗，也就是将鸡蛋直立在一个平面上，保持不倒。另外，春分时节，全国各个地区会开展植树活动。

　　清明时节，气候温暖适宜，民众忙于耕种，同时也伴随进行踏青、扫墓、插柳、放风筝等风俗活动。

　　立夏时节，农作物进入生长旺季。立夏，也意味着告别了春天，各地会开展形式多样的"饯春"活动，在南方地区，梅子酒、青梅冻等清爽可口的饮品最受欢迎。另外，民间还有立夏"吃蛋"的风俗，立夏煮蛋，孩子们拿到立夏蛋，还会玩"斗蛋"之类的游戏。

　　夏至到来的这一天，北半球白昼最长，过了夏至，白昼渐短，黑

立夏到，青梅熟

夜渐长。夏至时节，南北方有吃凉面的风俗，江南一些地区，还会用青菜、豆腐等食材制作夏至饼食用。

立秋到来时，意味着秋天从此开始，大多数农作物也进入成熟期。立秋时节，民间有"晒秋"等风俗活动。尤其在一些山区，人们会将丰收的农作物悬挂在房前屋后或装在晒匾里置于太阳底下晾晒，别具特色。饮食上，南方地区有在立秋时吃西瓜的风俗，俗称"咬秋"。

小雪时节，天气剧烈转寒，可能会出现降雪。北方有腌制腊肉的传统，南方一些地方在农历十月有食用糍粑的风俗。

冬至到来时，北半球白昼最短，真正进入数九寒天中。冬至到

立秋晒秋

来，民间有"冬至大如年""冬至吃饺子不冻耳朵"的说法，南方地区会吃汤圆等食物，北方地区吃饺子等，以迎接冬至的到来。

大寒是一年之中最冷的时候。大寒时，正值三九，因此有"冷在三九"的谚语。作为一年之中的最后一个节气，民间有吃年糕的风俗。另外，大寒迎年，表明年关将近，民众开始为过年做准备，如扫尘、贴年红等等。

惊蛰"打小人"

关于二十四节气中的惊蛰，民间流传有很多谚语，如"到了惊蛰节，锄头不停歇""春雷响，万物长"等，惊蛰对于农业生产有着重要的意义，从惊蛰开始，随着春回大地，繁忙的春耕生产就要拉开序幕了。

在民间还有惊蛰日"打小人"的风俗。惊蛰春雷阵阵，将蛰伏的昆虫及动物从伏藏、冬眠的状态中惊醒，为了防止蛇虫鼠蚁侵入家中，人们会点燃艾草等植物来驱赶它们。发展到后来，这些蛇虫鼠蚁成了"小人"的象征，人们在这一天通过"打小人"的活动，表达自己的爱恨情感。

七十二候

　　七十二候，是中国古代先民融合天文、气象以及物候等知识所制定的用来指导民众从事农业生产的重要历法。

　　有关七十二候的最早完整记载，见于《逸周书·时训解》一书。书中将一年分为七十二候，每五天为一候，一个节令内有三候，分初候、二候和三候，因此二十四节令，共有七十二候。

　　七十二候的传统风俗也有很多，比如立春初候为"东风解冻"，此时春回大地，万物逐渐苏醒。这一时期民间流行着"打春牛"的风俗，预示着这一年的农事活动的开始。另外，在立春三候期间，农民们习惯去整修农具，栽种榆树、柳树等。

　　立夏初候"蝼蝈鸣"，此时气温急剧回升，昼伏夜出的蝼蝈开始鸣叫。这一时期我国南方地区的人们有"秤人"的风俗，即一面给老人、小孩等称重，一面说着吉祥话，过程中充满着欢声笑语。在立夏三候期间，农民们开始种夏菜、秧早稻、修水具等。

立秋初候"凉风至"，此时暑气渐渐消散，天气开始变得凉爽。这一时期民间流行"贴秋膘"的风俗，即食用各种丰盛的肉食，以补充营养。在立秋三候期间，农民们开始种荞麦、种秧菜、伐竹木等。

立冬初候"水始冰"，此时正式进入一年的尾声，天气开始变得寒冷。这一时期在我国北方地区流行吃饺子，而在我国南方一些地区则流行吃四物鸡、炖麻油鸡等大补的食物。在立冬三候期间，民间开始收稻秆、藏诸谷或进行腊祭等活动。

指点迷津

七十二候

二十四节令，分七十二候，一个节令下有三候，介绍如下。

立春三候：初候东风解冻；二候蛰虫始振；三候鱼陟负冰。

雨水三候：初候獭祭鱼；二候雁北归；三候草木萌动。

惊蛰三候：初候桃始华；二候仓庚鸣；三候鹰化为鸠。

春分三候：初候玄鸟至；二候雷乃发声；三候始电。

清明三候：初候桐始华；二候田鼠化为鴽；三候虹始见。

谷雨三候：初候萍始生；二候鸣鸠拂其羽；三候戴胜降于桑。

立夏三候：初候蝼蝈鸣；二候蚯蚓出；三候王瓜生。

小满三候：初候苦菜秀；二候靡草死；三候麦秋至。

芒种三候：初候螳螂生；二候鹏鸟鸣；三候反舌无声。

夏至三候：初候鹿角解；二候蜩始鸣；三候半夏生。

小暑三候：初候温风至；二候蟋蟀居壁；三候鹰始鸷。

大暑三候：初候腐草为萤；二候土润溽暑；三候大雨时行。

立秋三候：初候凉风至；二候白露降；三候寒蝉鸣。

处暑三候：初候鹰乃祭鸟；二候天地始肃；三候禾乃登。

白露三候：初候鸿雁来；二候玄鸟归；三候群鸟养羞。

秋分三候：初候雷始收声；二候蛰虫坯户；三候水始涸。

寒露三候：初候鸿雁来宾；二候雀入大水为蛤；三候菊有黄华。

霜降三候：初候豺乃祭兽；二候草木黄落；三候蛰虫咸俯。

立冬三候：初候水始冰；二候地始冻；三候雉入大水为蜃。

小雪三候：初候虹藏不见；二候天气上升，地气下降；三候闭塞而成冬。

大雪三候：初候鹖鴠不鸣；二候虎始交；三候荔挺出。

冬至三候：初候蚯蚓结；二候麋角解；三候水泉动。

小寒三候：初候雁北乡；二候鹊始巢；三候雉始雊。

大寒三候：初候鸡乳；二候征鸟厉疾；三候水泽腹坚。

天干与地支

　　天干地支，由十干①和十二支②构成，又简称为"干支"。干支概念的形成，代表着我国最原始历法的诞生。

　　天干地支，蕴含了我国先民无穷的思想智慧，是中华民族传统文化中一项独特的文化遗产。时至今日，天文、历法和年代学中，天干地支的应用依然较为广泛。古人根据天干地支的排列顺序指导农业生产活动，所以与天干地支相关的风俗活动一般和农业活动之间有着千丝万缕的联系。

　　民间流传着一些有趣的农谚，典型的有"甲子雷鸣蝗虫多"。"甲子日"指的是惊蛰，这一时期民间很多地方都有着防范害虫的风俗。比如，浙江宁波会举行"扫虫节"，当地的百姓在"扫虫节"当天相

---

① 十天干指的是甲、乙、丙、丁、戊、己、庚、辛、壬、癸。
② 十二地支指的是子、丑、寅、卯、辰、巳、午、未、申、酉、戌、亥。

邀来到田间地头，手执扫把进行"扫虫""除虫"仪式，期盼农作物能生长顺利，到了丰收季节能获得好收成。

另外，天干地支在人们的日常生活中，也有诸多的风俗禁忌，如在婚丧嫁娶方面。

除此之外，古时候的人们，还有"丁不剃头""己不伐树""酉不会客"的说法。这些都充分表明天干地支在日常生活中的影响力。

平年与闰年

平年和闰年都是历法中的名词称谓，是纪年方式的一种。按照历法来说，在阳历和阴历中都没有闰日存在的年份，或者是阴阳历中都没有闰月的年份，称作平年。反之，在阳历和阴历中存在闰日或阴阳历中存在闰月的年份，称作闰年。

相比较于平年，闰年因为自身的特殊性，在民间有着很多的风俗。

比如，在一些地区，遇到闰年、闰月时，有送父母闰月鞋的风俗，寓意"闰月鞋，闰月穿，闰月老人活一千"的美好心愿。

在闽南一带，闰二月时，出嫁的姑娘会送父母猪脚、鸡蛋和面线等食物，寓意为父母添福、添寿，祝愿父母身体健健康康。

逢闰年、闰月，出嫁的姑娘回娘家吃"闰月饭"也是在一些地区广泛流传的风俗之一。"闰月饭"由娘家父母操办，父母已经不在世的，则由兄弟将出嫁的姐妹邀回家中团聚，一起吃"闰月饭"。

　　也有一些地区，父母在闰年、闰月时有送给女儿芭蕉扇或雨伞的风俗。雨伞寓意美好，希望女儿嫁过去小日子过得红红火火。

　　除了风俗活动，在民间，闰年、闰月还存在着一些风俗禁忌。如民间流传着这样一句谚语："闰四月兆年荒，闰六月不宜婚娶"，说的便是闰四月、闰六月的一些风俗禁忌。在北方地区，闰年的时候，有"闰月不种十月麦"的说法。

节日风俗，华夏民族独特的文化记忆

中国传统节日和节日风俗是中华传统文化的重要组成部分。仔细品味，事实上所有的传统节日风俗中，都蕴藏着丰富的文化内涵。其中既有家国情怀，如端午祭奠爱国诗人屈原，又有人们美好的祈愿，如中秋赏月、拜月等。

这些华夏民族历史上长久形成的独特文化印记，无形中加深了人们对中华传统文化和古老文明的了解和认知，长久地润泽人们的精神世界。

春节，辞旧迎新庆丰年

"百节年为首。"春节，又名岁首、新岁、新年、新春等，是一年的开始。

春节在我国有着悠久的历史文化传统。《盘古王表》中记载："天皇氏始制干支之名，以定岁之所在。"

春节是中华民族最为隆重盛大的传统佳节，作为新年和旧年的过渡，古时候的人们，从农历腊月二十三开始，就着手进行祭灶、打扫卫生、购买年货、张贴对联、守岁、吃团圆饭等民俗活动。

在这些热热闹闹的"忙年"的仪式中，民众怀着喜悦的心情，迎接新年的到来。

欢度春节，丰富多样、多姿多彩的庆祝活动也必不可少。忙碌了一年的人们，这时终于有了空闲时间，他们举行各种各样的庆祝活动，在阖家团圆中度过一个欢乐吉祥的新年。比较常见的庆祝活动有舞狮、舞龙、游神、庙会、祈福、掼春等，人们通过这些庆祝仪式来表达辞旧迎新的美好寓意。

在庆祝之余，春节时人们还要举行各种祭祀仪式，如拜神祭祖、祈求丰年等，以表达迎春祈福的美好愿景。

因地域不同，全国各地的春节风俗存在着一些差别。比如，在东北，家家户户都会提前准备各种特色的年夜饭食材，也会纷纷杀猪剁肉，用来烹制年夜饭桌上必不可少的一道菜肴——杀猪菜。大年三十晚上，人们会彻夜点灯，谓之长寿灯，或者挂上红灯笼，来祈求延年益寿。

在江西南昌，过年时人们会举办热闹的舞龙灯活动，来祈求来年平安顺利、万事如意、五谷丰登。在广东，到了大年初一，人们吃过早饭后便带着礼物（常见的有糕点、橘子等）和"利是"（红包）互相拜年。

舞狮贺新春

中国是一个多民族的国家，春节不仅是汉族人盛大的节日，蒙古族、壮族、侗族、高山族、瑶族、赫哲族、哈尼族、达斡尔族等十几个少数民族也有庆祝新春佳节的传统风俗。和汉族相比，他们的新年庆祝活动，更富有各自的民族特色，但都以喜庆祥和为中心。

比如，蒙古族人称春节为"白节"，他们会在腊月二十三过小年那天"送旧"——打扫房屋、祭灶神等。到了大年三十晚上，家人围坐在一起，先向长辈恭敬地献上"辞岁酒"，然后再尽情享用烤羊腿等美食。侗族人的年夜饭以鱼为主，堪称"全鱼宴"，寓意着五谷丰登、吉庆有余。

简而言之，盛大隆重的新春佳节，是中华民族传统文化精华的凝结，也是中国人除旧布新、庆祝丰年等美好祝愿文化心理的重要体现，抒发着人们对幸福美满生活的向往之情。

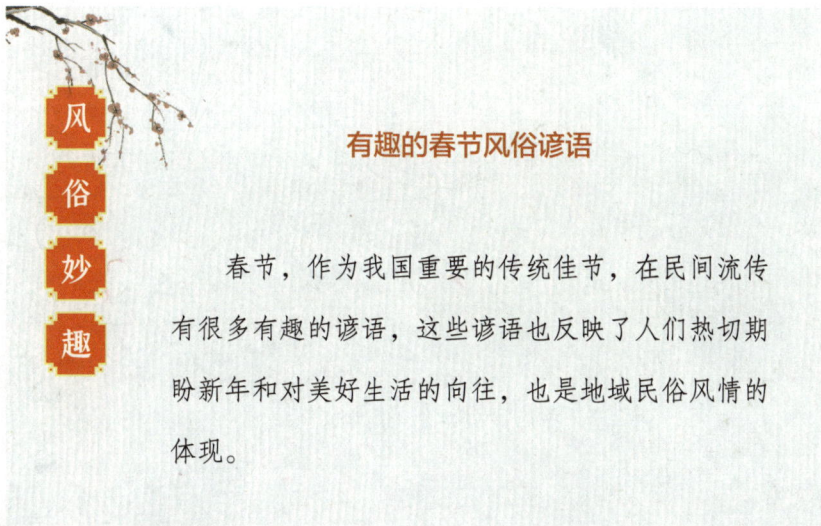

风俗妙趣

有趣的春节风俗谚语

春节，作为我国重要的传统佳节，在民间流传有很多有趣的谚语，这些谚语也反映了人们热切期盼新年和对美好生活的向往，也是地域民俗风情的体现。

比如在北方地区，流传着从腊月二十三开始迎接新年到来的民谣：二十三，祭灶官；二十四，扫房子；二十五，磨豆腐；二十六，去割肉；二十七，去赶集，二十八，把面发；二十九，贴倒有；三十晚上坐一宿。

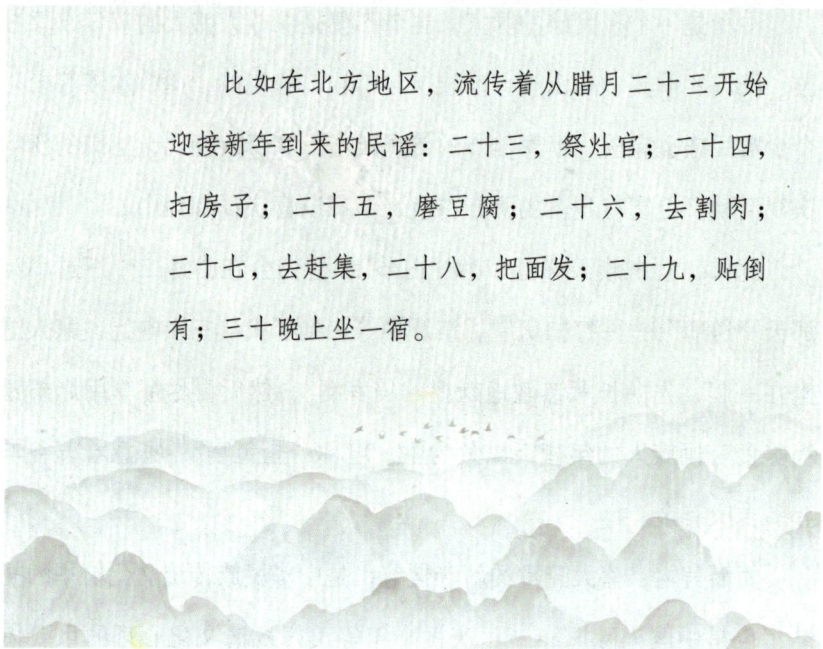

元宵节，良辰美景贺团圆

　　元宵节，又名上元节、元夕、灯节等，是新春佳节之后第一个月圆夜。元宵节是阖家团聚的节日，人们在良辰美景中享受团圆欢庆的喜乐气氛。

　　元宵节源远流长，早在两千多年前的秦朝，古人就有了庆祝上元节的仪式活动。到了汉文帝时，其登基之日恰好是农历正月十五，于是就下令大赦天下，同时将正月十五正式命名为元宵节。

　　按照我国由来已久的民间传统，到了元宵节这天，人们要举办各种各样的庆祝活动，以表达阖家团圆的喜悦情感。从古时流传至今的元宵节风俗主要有下面几种。

　　一是品尝美味的元宵。元宵又名汤圆，寓意和和美美、团团圆圆，因此在过元宵节时，吃元宵成了大家约定俗成的习惯。

　　二是送花灯。因为"灯"和"丁"谐音，所以元宵节前，新出嫁的姑娘会收到娘家送来的花灯，以表达生男育女的添丁吉兆。

正月十五吃元宵

三是舞龙灯。龙是中华民族的图腾崇拜，元宵节时人们会举办舞龙灯这一庆祝活动，在载歌载舞中营造喜庆氛围。

四是舞狮子和踩高跷。舞狮子，又名"狮灯"，因为狮子在中国人的心目中是瑞兽的象征，民间百姓在元宵节这天通过举办热闹的舞狮活动来表达消灾纳福的美好心愿。

踩高跷也是元宵节重要的庆祝、娱乐方式，有趣的踩高跷活动，强身健体不说，也将元宵节的喜庆氛围推向了高潮。

五是猜灯谜。猜灯谜是元宵节的"重头戏"。正月十五、正月十六这两天，人们纷纷走上街头，在赏灯的同时开展猜灯谜的游戏活动。猜灯谜欢乐有趣，也有益于智慧的启迪，因此深受人们的喜爱。唐宋时期，为了烘托喜庆氛围，在猜灯谜的同时，还会举办各种杂技表演。明清时期，增添了传统戏曲等助兴节目。现在的人们，在猜灯谜的同时，还举行游园等娱乐活动。

热闹的元宵灯会

清明节，春游踏青，慎终追远

清明节，也是我国重要的传统节日，又名踏青节、祭祖节、三月节等。

清明节的由来，和古时候寒食节、上巳节有着一定的联系。寒食节最早可追溯至春秋时期，寒食节时，民间禁烟火、吃冷食，后来又逐步增加了祭扫坟墓、踏青等风俗。上巳节曾是古代十分流行的节日。在上巳节这一天，古人要举行"祓除畔浴"等活动，人们结伴去郊外沐浴，顺带踏青游玩，以祈福消灾。

因为寒食节、上巳节和清明节的日期相近，在后世流传过程中，人们将寒食节、上巳节、清明节融合在了一起，逐渐形成了今日我们所熟知的清明节。而寒食节、上巳节的诸多风俗也逐渐合并到清明节之中。

清明节既是传统节日，又是二十四节气之一。从时令上看，清明节一般定在春分后第十五日，也就是公历的 4 月 5 号左右。这时正是春和景明、"吐故纳新"的大好时段，因此在行清墓祭的同时，也可以去踏青赏景，开展游玩活动。

清明节的风俗文化以扫墓祭祖活动为重心。通过庄重的祭祖仪式弘扬孝道亲情，表达对祖先的礼敬，体现慎终追远的思念情怀，也是自然节令和人文风俗的统一。

清明节的传统风俗

清明节还有很多传统风俗流传至今，如清明时插柳、吃青团、举办拔河比赛、荡秋千、放风筝等，这些丰富多彩的风俗活动令人们有了更多的机会去亲近大自然，在愉悦的状态下，身心也得到了较好的滋养。

作为我国重要的祭祖节令，清明节和春节、端午节、中秋节一起，并称为中国四大具有悠久历史文化底蕴的传统节日。2006年，清明节这一重大春祭节日，入选第一批国家级非物质文化遗产名录。

寒食节的由来

　　春秋时期，晋文公重耳在还未当上晋国国君时，因晋国内乱，他只得在各个诸侯国中到处流亡。后来在狐偃等大臣的劝说下，重耳决定回国争夺王位。

　　但返回晋国的旅程并不是一帆风顺的，相反，重耳一路颠沛流离，历经艰险。有一次，重耳饿了一整天，饥肠辘辘，连路都走不动了。关键时刻，跟在他身边的臣子介子推割股为他充饥，这让重耳感动万分。

　　重耳回国即位后，分封群臣，介子推不愿做官，就带着老母隐居在了绵山。晋文公为了报恩，亲自前往绵山请介子推下山。介子推依旧不肯，躲在深山里不出来。晋文公为了见到他，就下令放火焚山，谁知道一不小心反而让介子推葬身火海。

　　晋文公后悔万分，为了纪念介子推，晋文公下令在介子推死难之日，不准生火做饭，只许吃冷食，这就是寒食节的由来。

端午节，万古传闻为屈原

每年的农历五月初五是端午节，其又称为龙舟节、端阳节、正阳节等，是我国传统四大节日之一。

"端午"一词，最早出现在西晋时期，成书于西晋的《风土记》一书中有这样的记载："仲夏端午谓五月五日也，俗重此日也，与夏至同。"和端午节来源有关的传说有很多种，但人们比较广泛认同的是端午节的起源和纪念屈原有关。

屈原是战国时期楚国的大夫。屈原忠君爱国，忧国忧民，但楚怀王胸无大志，昏庸无能，他听信谗言，将屈原流放。不久后，秦国大军攻陷楚国都城。在流放地的屈原得知消息后，心如刀割，悲愤交加，倍感绝望的他毅然选择了自沉汨罗江。屈原投江后，当地百姓荡舟江波，试图将屈原救上来，但为时已晚。屈原葬身汨罗江后，人们又担心他的身体被鱼虾吃掉，就纷纷将米团抛到了水中让鱼虾食用。

就这样，古人荡舟江波和米团投江的举动，慢慢地演变成了赛龙舟和吃粽子的民间风俗，千百年传承下来，依旧盛行不衰。

端午节除了吃粽子和赛龙舟，打午时水、饮雄黄酒、放纸鸢、拴五色丝线、佩香囊、悬挂艾草和菖蒲等风俗也非常流行。打午时水指的是在端午节当天中午从井中取水，人们用午时水来洗脸洗身、泡茶煮粥，希望能驱邪、除障、护佑平安。在端午节到来时饮用雄黄酒的风俗盛行于我国的长江流域，当地民谚常说："饮了雄黄酒，百病绕着走。"

端午期间，放纸鸢（放风筝）的风俗也由来已久。在南方一带，儿童在端午节期间放纸鸢称之为"放殃"，有放走灾祸、晦气，祈求平安的寓意。另外，拴五色丝线、佩香囊、悬挂艾草和菖蒲等风俗也都寄托着人们驱邪消灾、招财纳福的美好愿景。

如今，端午节的特色庆祝活动既有对传统的延续，又有创新元素的融入，极大地丰富了民众的精神生活。

端午食粽

端午赛龙舟

端午节佩香囊

七夕节，年年乞与人间巧

七夕节，又名乞巧节、女儿节，是中华传统节日之一。每年的农历七月初七，定为七夕节。

七夕节由古代劳动人民星宿崇拜演化而来，随着历史的发展，它慢慢被人们视为爱情的象征，成为一个极具浪漫色彩的节日。提起七夕，人们便会想起"牛郎织女"的神话爱情传说。

作为一种传承至今的文化节日，七夕节的内涵非常丰富，其主要风俗就是开展乞巧活动。所谓"乞巧"，指的是在七夕节的晚上，少女们身着新衣站在夜空下向着织女星祈求智巧。

这一风俗最早可追溯至汉代，东晋葛洪的《西京杂记》中便有这样的记载："汉彩女常以七月七日穿七孔针于开襟楼，人俱习之。"到了唐代，七夕乞巧的风俗也十分盛行，比如唐诗中就有"阑珊星斗缀珠光，七夕宫娥乞巧忙"的记载。宋元时期，还设立有"乞巧市""乞巧楼"等售卖乞巧用品的场所。元代的乞巧市十分繁华，士人阶层会在七夕节这一天邀请女眷作巧节会，乞巧风俗越来越受到民众的欢迎。在历史演进的过程中，古代民间乞巧的方式变得越来越丰富多彩，趣味十足。比如少女们穿针引线验巧，手工制作一些装饰品、工艺品赛巧，等等。

七夕乞巧的风俗传承至今，各地都存在一些差异。比如，在河南的某些地区，未出嫁的姑娘七人凑成一组，合作包饺子、烙油烙馍、做面汤，并准备好葡萄、西瓜等瓜果，在农历七月初六晚上祭拜织女。

在浙江杭州、温州等地，人们会在七夕节这一天用面粉制成"巧果"，并准备好白藕、莲蓬等供品和巧果一起摆放在庭院中，用来祭拜牵牛星、织女星。当地的姑娘们还会在那一晚立于庭院中对月穿针，祈求平安、幸福，如果穿针顺利，则喜出望外，称为"得巧"。

在广州珠村，乞巧文化与民俗得到很好的传承，珠村甚至有着"中国乞巧第一村"的美誉。自 2005 年起，每年七夕节当地都会举办"乞巧文化节"，热闹非凡。其间所展示的各种巧品陈列琳琅满目，精致无比。

"年年乞与人间巧，不道人间巧已多。"七夕节乞巧风俗的传承，不仅反映了青年男女对美好爱情的向往，也表达了人们热爱劳动、追求幸福生活的积极价值取向。

广州乞巧文化节上展示的精美巧品

中秋节，明月皎皎寄相思

中秋节，又名仲秋节、八月节、拜月节、团圆节等，时间是农历的八月十五，也有一些地方将八月十六定为中秋节。

在中国的传统节日中，中秋节的重要程度几乎可以和春节并列。月满中秋话团圆，和亲人团聚，阖家其乐融融地观月、赏月；中秋节独处异乡时，思乡，恋乡，想念远方的亲人。团圆与思念，便成了中秋节永恒的主题。

中秋节时，民间的风俗也有很多，其中拜月、赏月排在第一位。《礼记》一书中记载："秋暮夕月"，这句话的意思为拜祭月神。也就是到了中秋时，民众要举行迎寒和祭月的仪式。

这一风俗逐渐流传下来，每年中秋月挂中天时，仰望月圆如盘，月色皎洁，人们便会在庭院摆设香案，上面陈列月饼、时令水果等食物，全家人团团围坐在一起拜月、赏月。

吃月饼也是中秋节一大重要风俗。民间有这样的谚语："八月十五月正圆，中秋月饼香又甜。"圆圆的月饼，承载了人们思乡团圆的浓厚情结。直到现在，月饼还是中秋时亲友之间增进感情、来往馈赠的礼物。

拜月、吃月饼之余，赏桂花、品尝桂花酒也是中秋节常见的风俗活动。中秋之夜，抬头仰望月亮，想象月宫里的丹桂树，聆听吴刚折桂、玉兔捣药等动人的神话传说，品尝着用桂花制作而成的各类糕点、美酒，别有一番趣味。

在江浙一带，观潮也是中秋一大盛事。早在西汉时期，枚乘的《七发》一文中就有中秋观潮记载："将以八月之望，与诸侯远方交游兄弟，并往观涛乎广陵之曲江。"这一风俗，也延续至今。

燃灯，也是南方地区中秋月夜的一项重要风俗。到了中秋夜时，

中秋赏月、吃月饼

中秋节赏桂花、品桂花酒，别有一番乐趣

民众会用竹条扎成灯笼，点燃红烛，然后悬挂起来。

中秋节的诸多风俗活动流传至今，经久不息，它们寄托着人们对生活的美好愿望，也给人们带来源源不断的乐趣。

重阳节，赏菊晒秋，登高归宁

重阳节，是中国民间一大传统节日。"独在异乡为异客，每逢佳节倍思亲。遥知兄弟登高处，遍插茱萸少一人。"唐代诗人王维一首《九月九日忆山东兄弟》，道出了重阳节在古人心目中的重要地位。

重阳节历史悠久，《吕氏春秋·季秋纪》中写道："（九月）命家宰，农事备收，举五种之要。藏帝籍之收于神仓，祗敬必饬。是日也，大飨帝，尝牺牲，告备于天子。"可见，先秦时期的人们在九月农收时就有祭祖祈福的活动。而这也是关于重阳节风俗的最早的文字记载。在汉代、魏晋时期，重阳节风俗得到普及，汉代《西京杂记》中写道："九月九日，佩茱萸，食蓬饵，饮菊花酒，云令人长寿。"

到了唐代，重阳节的各类风俗已经基本定型。每逢重阳时，古人纷纷外出游景赏玩，登高远眺。在古人眼中，重阳日是"清气上扬、浊气下沉"的节令，地势越高，随着清气上升，空气就会越清爽，所以人们在重阳日登高，希望能祛病延年，并逐渐成了一项重要的民俗活动。

赏菊花、饮菊花酒，也是重阳节中一项重要的传统风俗。在文人的笔下，菊花向来以高雅的风骨著称，而菊花本身，也有一定的药用功效。用菊花酿造的美酒，饮用后让人神清气爽、醒脑明目。

在南方地区，重阳节时还有食用"重阳糕"的传统。重阳糕又名菊糕、花糕等，吃糕也有"登高"的寓意。

九九重阳，在古人的眼中，还代表着祝愿老人长寿的美好愿望。这是因为"九九"的发音和"久久"相同，而在数字排序中，九又处于最大、最为尊贵的地位，所以重阳蕴含有长寿的意思。因此古人在庆祝重阳时，会举办宴席，祈愿父母长辈长寿健康。

随着时代的发展，人们又赋予了重阳节新的内涵，将每年的九月九日定为老人节，借助重阳的美好寓意，在全社会形成敬老、尊老、爱老的良好风尚。

重阳节赏菊花、喝菊花酒

重阳节吃重阳糕

腊八节，祭祀除尘迎新春

腊八节，为每年农历的十二月初八，又被称作为法宝节、佛成道节等。

最初腊八法会是佛教的一个盛大节日。相传释迦牟尼经过苦修后终于在十二月初八这天悟道。从此，每年十二月初八，佛教便会举行盛大的法会，立锅煮粥，施舍信众，这就是腊八节喝腊八粥的由来。随着佛教的流传普及，腊八这天喝腊八粥也逐渐被民众接受，并迅速传播开来。

南宋时期文人吴自牧所著《梦粱录》一书中记载："此月八日，寺院谓之腊八。大刹等寺，俱设五味粥，名曰腊八粥。"可见，当时喝腊八粥已经成为普遍常见的场景了。

实际上，在我国古代，腊八节未正式形成之前，古人也有"腊祭"的传统。《礼记·郊特牲》上载："岁十二月，合聚万物而索飨之也。"这就是腊祭的由来。腊祭，主要祭祀的是祖先和门神、灶神等神灵，以表达祈求丰收、神灵护佑的朴素、美好的愿望。

到了汉、唐之后，佛教的腊八法会和汉民族的腊祭传统文化相结合，逐步衍生出了腊八节这一传统节日风俗，腊八节喝腊八粥，也作为一项富有节日内涵的活动，一直传承延续了下来。

不过也有个别地区，腊八节这天不喝腊八粥，而是吃腊八面。在陕西澄城地区一带，腊月初八的早上，人们会以面和豆类为原材料制成腊八面食用。

腊八节喝腊八粥

腊八节制作腊八醋、腊八蒜，也是腊八节的重要传统风俗。比如华北地区的民众会在腊八这一天，用醋浸泡剥皮的大蒜，放置一段时间后食用，被醋浸泡过的大蒜颜色发绿，辣味散尽，吃起来别有一番风味。

　　安徽黟县一带，有腊八节制作腊八豆腐的风俗。人们在豆腐上涂抹盐水，再在中间挖一小洞，放入一定量的食盐，经过一段时日的晾晒后，就制成了香软可口的腊八豆腐了。

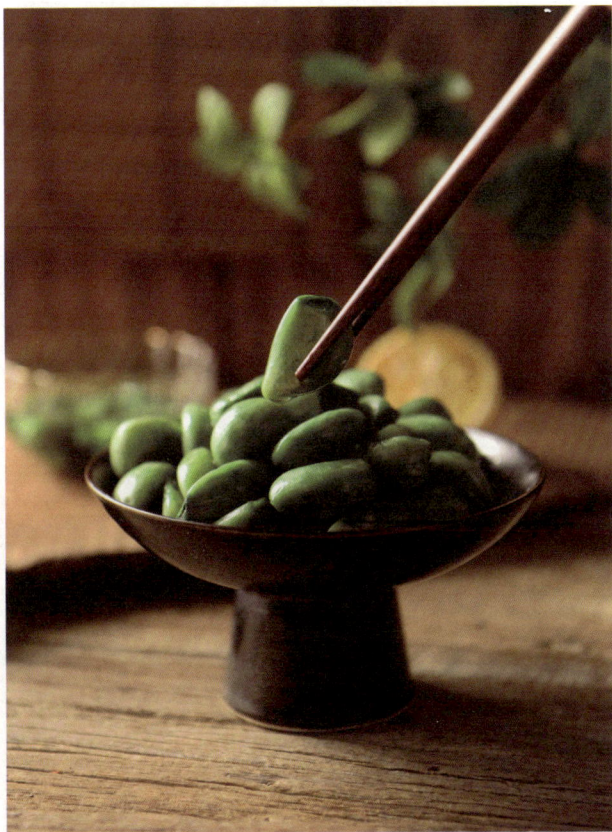

腊八节制作腊八蒜

　　屈指算来，"过腊八"的传统已经有上千年的历史了。谚语常说"小孩小孩你别馋，过了腊八就是年"。腊八节，也悄然拉开了新年的序幕，人们一面打扫房间、"除陈布新"，一面翘首以盼，准备迎接新春的到来。

其他传统节日及风俗

中国的传统节日，是在悠久的中华文明和文化共同作用下的人文思想结晶，是宝贵的精神文化遗产。

除上述传统节日外，中国的传统节日还有很多，如二月二龙抬头、中元节等，它们也是我国南北方都比较重视的传统节日。

二月二，在民间被称作龙抬头、春耕节、农事节等，其中龙抬头的名称最为大家所熟悉。二月二之所以被称作龙抬头，是因为在古人的认知中，每年农历二月二时，二十八星宿中的东方苍龙就会从地平线上升起，所以人们就将二月二这一天称作"龙抬头"。

在民众的信仰中，龙代表着风调雨顺、吉祥如意，在神话传说中，龙具有行云布雨的能力，在民间流传有"二月二，拜村社；龙抬头，祈丰收；八月二，祭村堂；龙收尾，送龙归"的谚语。

因此，在二月二时，南方一些地区会在龙神庙前举行盛大的祭祀活动，以祈求龙神布雨，希望农作物获得大丰收。在东北地区的吉林省，当地人们会在二月二放飞"龙头风筝"，祈福好运、安康、吉祥。

除此之外，民间还传承有剃龙头、吃猪头、吃面、敬社神等风俗。其中剃龙头即理发，民众有正月不理发的说法，直到过了正月，从二月二开始，便可以理发了。二月二这一天，吃猪头被称作"食龙头"；吃面叫作"吃龙须面"，饮食的命名多与龙的象征有关。社神的诞辰也在二月二这天，和龙抬头的日子重合，所以在民间有二月二祭社神的传统，以求五谷丰登。

中元节为农历七月十五，在佛教中被称作"盂兰盆节"，民间通俗的叫法为"七月半"。

在上古时期，七月半民间会举办丰收祭祖的仪式活动，古人将刚刚收获的粮食敬献给神灵祖先，让他们先品尝，以求得来年能够有一

二月二放飞龙头风筝，祈求好运、安康、吉祥

个更好的收获。

东汉时期，道教兴起，将七月半称为中元节，是"上中下三元"的中元。就此，中元节作为我国的传统节日，一直流传至今。

中元节时，民间有很多风俗活动，如祭祖、放河灯等，以表达人们怀念祖先的孝亲之情。

生活风俗，衣食住行中饱含劳动智慧

衣食住行，与人们的生活息息相关，构成了中华传统风俗中最具有生活气息的一部分。

我国地域辽阔，不同地区具有不同的自然条件和地理环境，各地人们充分发挥聪明才智，因地制宜地创造了具有地方特色的服饰、食俗、民居和出行方式，尽显生活风俗特色。

服饰：和谐雅韵，
尽显章服之美

《左传》记载："中国有礼仪之大，故称夏；有服章之美，谓之华。"中国服饰文化历史悠久，从各朝各代的服饰风尚中，不仅能了解人们的生产生活面貌，也能了解不同朝代的服饰审美特点。

各朝流行的华服

◆ 先秦服装，形制初定

在原始社会时期，人类用树叶、兽皮遮蔽身体。之后，先民学会用搓麻捻线编制衣服，这便是最早的服饰了。《淮南子·氾论训》中记载："伯余之初作衣也，緂麻索缕，手经指挂，其成犹网罗"。最初人们用麻线作经纬线纵横交错，编织成类似渔网的衣物，做工较粗糙。

夏商周时期，"上衣下裳^①"的服饰形制基本定型，此后各朝代服饰基本上都沿用承袭这一形制。这一时期，主要流行深衣制，深衣承接衣、裳（衣、裳分开裁再缝合），是古代礼服的重要代表。深衣将上衣下裳连在一起包裹身体，"被体深邃"，身体深藏不露，故名深衣。深衣的长短、宽松程度要做到"量体裁衣"，既要遮蔽身体，又不至于使行动不便，规格与尺度大抵依靠圆规、曲尺、墨绳等测量裁剪。

夏商周时期的服饰原料以皮、革、丝、麻为主。这一时期出现了制作精美的丝绸和锦绮，但因珍贵稀少，主要用作制作奴隶主和贵族的服装。

春秋战国时期，周王室统治逐渐走向崩塌，此时思想上百家争鸣，手工业方面交流频繁，纺织技术得到了进一步的推广普及。这一时期，人们还掌握了布料染色技术，《荀子·劝学》中记载："青，取之于蓝而青于蓝。"《周礼·地官》记载："染人，掌染丝帛。"当时已经有专门的染色工匠负责织物的染色工作。根据《诗经》中"缟衣綦巾""茅蒐染巾也"^②"绿兮衣兮，绿衣黄里"等记载，可知这一时期服装颜色的丰富多彩。此时，王公贵族对服装的喜好开始引领当时的服饰风俗，《韩非子》记载："齐桓公好服紫，一国尽服紫。"

---

① 裳：最初为两片围在身上的分开的布料，汉代时，前后两片布料连接成筒状，类似现在的裙。

② "綦"为暗绿色，"茅蒐"为绛红色染料。

古人服饰的色彩

古人的服饰用色非常讲究，服饰色彩中蕴含了等级观念与尊卑思想。正色在古代被视为尊贵色，上衣为正色，正色越纯、色块面积越大，越显尊贵，多种颜色相间视为卑贱，即"贵一色而贱贰采"。

汉族服饰的"正色"包括青、红、皂、白、黄五种颜色。历朝历代的正色各有侧重，如夏黑、商白、周赤、秦黑、汉赤、唐黄、明赤等。不过，自唐以后，黄色一直被视为尊贵的颜色，是天子服饰的主要颜色，可以说是帝王的专属色。此外，地位较高的亲王有时也会穿黄色衣服，只是颜色非明黄而是金黄或杏黄。

服饰颜色不仅可以表示地位尊卑，还可以传递情感。古人会在不同场合着不同颜色的衣服，用衣服颜色表达心情心境，如《礼记·玉藻》中记载："年不顺成，则天子素服，乘素车，食无乐。"

◆ 秦汉服装，简练大气

秦朝时，中国北方实现了第一次政权的大一统，在统一文字、度量衡之后，服饰也经历了一个逐渐统一的过程。

从秦始皇陵中出土的大量兵马俑的服装外观上可以了解到，当时的服饰基本特点为交领、右衽、窄小衣袖，有花纹、彩织装饰。[①] 整体风格简练，方便行动。

两汉时期，流行服装特点为深衣、续衽、修身、束腰、不露体肤。服装风格大气、简练、多变，花色精美，如《论衡》记载："齐郡世刺绣，恒女无不能。"汉代开辟丝绸之路，这一时期的丝绸不仅量多，而且制作精良、做工精美，丝绸、丝帛类服装备受王室贵族和富有商贾的喜爱。长沙马王堆汉墓出土的素纱衣轻若烟雾、薄如蝉翼，据说可以折叠起来放到火柴盒中。

◆ 隋唐服装，雍容华贵

魏晋南北朝，民族大融合，百姓迁移，人口杂居，在不安定的时期，百姓对服饰的追求不高，以简便为主。中国传统服饰在经历了一个百姓"就便处理衣着"[②]，文人"褒衣博带"[③]的过程之后，在隋唐时

---

① 沈从文，王㸌 . 中国服饰史 [M]. 北京：中信出版社，2018：50.
② 沈从文，王㸌 . 中国服饰史 [M]. 北京：中信出版社，2018：66.
③ 穿宽袍，系阔带，儒生装扮。

秦始皇陵兵马俑

长沙马王堆汉墓素纱衣

期迎来了"时装性"的尚美风潮。

隋唐时期经济繁荣，社会各方面均有长足发展，百姓安居乐业，在服装上有了追求美观、潮流的重要社会基础。

唐朝男子服装以黄色为高贵色，不同地位和等级的人所穿服饰的颜色、花纹不同，在服装款式上基本为宽袍大袖。

唐朝女子服装形制基本为"上衣＋长襦裙"，服饰多变，每每宫廷有服饰创新，民间便争相效仿。唐朝女子最爱襦裙，同时搭配其他服饰，形成多种服装款式，如披帛搭配半臂长裙、披帛搭配小袖长裙、宽大衣袖搭配拖地衣裙等。

唐三彩陶俑：披帛与小袖长裙搭配

◆ 宋朝服装，雅致清新

宋朝男子喜欢着袍衫，为官者的官袍和贵族子弟的衣服有宽大的衣袖，民间百姓则多为窄小衣袖、系带裹腿，方便劳作。

宋朝女性审美与唐代不同，在体态方面追求消瘦之态，因此女性服饰不再追求宽衣大袖，而一改唐风，形制偏瘦长，衣着保守。流行的女子外衣有两种，即大袖和褙子。大袖主要为贵族女子服饰，褙子则王公贵族和百姓皆可穿着。窄袖衣的流行符合宋朝审美，更能凸显女性的身姿和线条美。

整体来看，宋朝崇尚节俭，服饰在于精致而不在于奢华，服饰雅致清新之风盛行。

◆ 明清服装，各领风骚

明清时期，主流服饰经历了从汉族服饰向满族服饰的变化，在不同时期体现出不同的风俗与审美。

明朝初建，朱元璋曾下诏："诏复衣冠如唐制。"明朝官袍承袭唐圆领和宽大的特点，在此基础上，明朝服饰有以下几点创新，成为当时和后世服饰重要的流行元素。

第一，创新补子设计。补子为带纹样方形绸缎，不同等级的官员，胸背补子的纹样不尽相同。可以说，补子的样式是官员身份和等级的重要标志。

第二，创新立领设计。不用于以往流行的右衽，立领使衣服与身体更加贴合，更保守也更保暖，领上装饰特色纽扣，纽扣上或装饰珠宝，或装饰金银，尽显别致巧思。

第三，首创"马面裙"。《明宫史》中记载："曳撒，其制后襟不断，而两傍有摆，前襟两截，而下有马面褶，往两旁起。"马面裙正面平整，两侧有裙褶，男女老少皆可穿，在当时十分流行，如今仍是服饰界备受关注的时尚设计元素。

清朝时期，满族服饰成为主流服饰，官服为长袍马褂，王公贵族女子多着旗装，普通百姓的日常服装则基本保留了明朝服装的特点，男子多穿窄袖长衫和长裤，女子多穿窄袖上衣和长裙。

明清之后，中国传统服饰几经发展、变革，旗袍、中山装等都曾成为流行时装。时至今日，人们的服饰日益多样化，但许多中国传统服饰元素被保留、传承和发扬，在新时代的服饰界掀起一次又一次的国潮风。

明赭红色暗花缎缀绣鸾凤圆补女袍

明香色麻飞鱼贴里

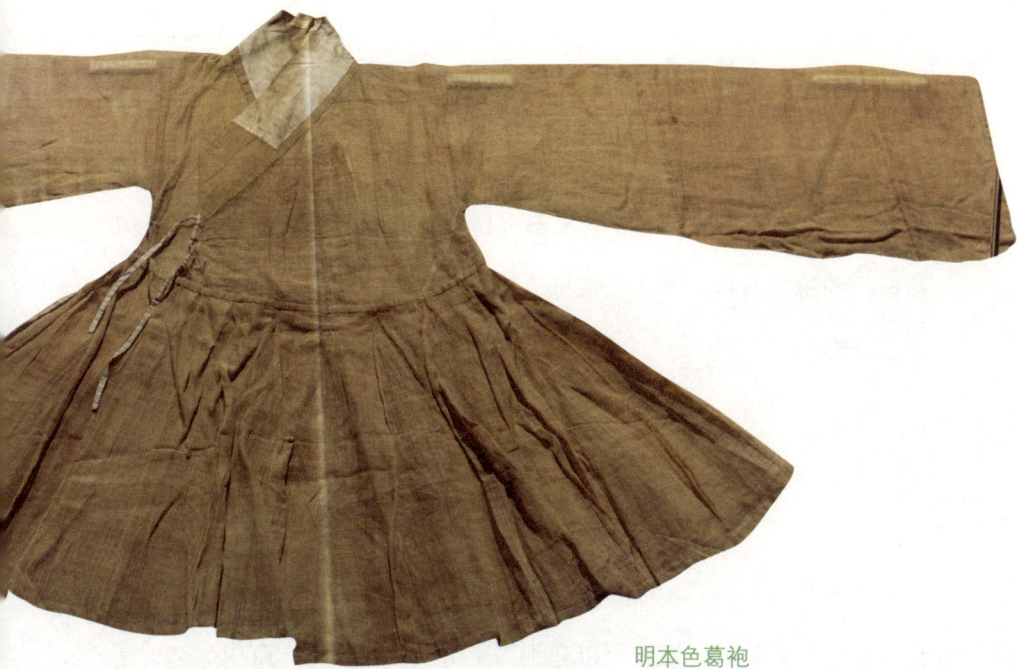

明本色葛袍

玲珑精致的配饰

古人的配饰不仅与服饰、发髻相匹配，往往还有着美好的寓意。以下具体介绍几种中国古代普及广泛、流传久远的配饰。

◆ 头巾

汉末，头巾盛行，不仅百姓以巾包头，名儒雅士、王公大臣也多戴头巾，习以成风。羽扇纶巾、翩翩公子的人物形象鲜明生动。从汉朝到明朝，头巾一直流行，明朝时还有了巾帽，款式多样。

◆ 玉佩

古人爱玉，不仅因为玉石珍贵难得，还因为玉有高洁的品格象征意义。古人云："君子无故，玉不去身。"玉佩是古代王公贵族会随身携带的重要配饰，古人经常将玉佩系挂在腰间，玉佩有时用丝线或流苏装饰。

◆ 发簪

古人认为："身体发肤，受之父母，不敢毁伤，孝之始也。"故不论男女，多留长发。发簪可以起到固定头发的作用，在古代，女子年

商代晚期的玉龙配饰

西汉透雕龙凤纹重环玉佩

满 15 岁可许嫁，用发笄梳挽发髻，此为"及笄"；男子 20 岁行"冠礼"，用发笄固冠。

发簪还有装饰价值，尤其是历朝历代女子发式几经变化，不同的发式会搭配不同材质、款式、纹饰的发簪，上至王公贵族女子，下至平民百姓家女子，都会佩戴发簪。在古代，发簪可成为男女定情之物。

明金镶宝双凤穿花掩鬓

明金凤簪

◆ 步摇

步摇为贵族女子的头饰或帽饰，簪钗上有流苏垂下。在女子行走时，簪钗垂下的流苏随着人的行走摇曳生姿，有时发出细微清脆声响，故名步摇。步摇主要是用来限制女子的大幅度动作，如走路、转头等，使女子行为举止更加端庄。步摇最早出现在殷周时期，楚国《讽赋》中有"垂珠步摇，来排臣户"的诗句，一直流行至近代。

清雕手把花叶游环花篮翡翠步摇

食俗：凝聚地方特色，依节令时序，重四时养生

中华饮食文化博大精深，智慧的中国古人充分依靠自然环境收集生活和生产资料。他们因地制宜、因时制宜，顺应节气时令，播种与收获粮食作物、狩猎捕鱼，以果腹养生、繁衍生息。

因地制宜的地方食俗

◆ 日常食俗

早在原始社会时期，先民们就已经明白了食物源于大自然的馈赠的道理，他们在大自然中寻找身居之所，并依托自然地理环境因地制

宜地获取生活资料和食物。

饮食原则

"就近""新鲜"是自古以来中华日常饮食基本原则。

古人靠山吃山、靠水吃水、靠林吃林，结合地理环境获取新鲜、易得的食材，结合气候进行饮食调味，以满足身体对新鲜食材、养生食材、美味食材的需求，如此便形成了鲜明的地方食俗。

从物产来看，北"腥牛羊"，南"鲜鱼蟹"。北方多牛羊，南方多水产，沿海多海鲜，故而在不同地域生产生活的人们在食材选择上就有了明显的区别，充分体现了人们对饮食"就近""新鲜"的需求。

用餐风俗

早期，中原地区的汉人席地而坐、分餐而食，商周"食礼"复杂，饮食内容不仅要与身份、地位相匹配，饮食顺序也非常讲究。

经历了民族大融合之后，受少数民族食俗影响，再加上胡床的引入，中原地区有了桌椅，人们有了围坐在桌旁共同用餐的条件。

分餐制和合餐制在很长一段时间内长期共同存在。宋朝时期，合餐制逐渐成为民间用餐的主要用餐方式，《清明上河图》中就有几人围坐在一起用餐的场景。

◆ 食俗差异

主食风俗

"南米北面"是我国地域食俗文化的主要特征。

春秋战国时期，南北菜肴风味差异明显。当时我国北方地区有宫廷珍馐、各色汤羹和腌制类小菜，百姓"六畜遂，五谷殖，则入多"（《韩非子·难二》），以粟菽（小米和大豆）为主食。当时的统治阶级在开拓疆土和安抚民心方面，采取的重要政策就是鼓励百姓农耕，确保作为主食的粟菽丰产，使百姓饮食富足而国安，这一点在《墨子·尚贤中》可以得到印证："贤者之治邑也，蚤出莫入，耕稼树艺，聚菽粟，是以菽粟多而民足乎食"。南方地区主要食水产，根据《论语·阳货》中"食夫稻，衣夫锦，于汝安乎？"的记载可以推测，水稻在当时种植面积有限，仅作为贵族口粮。

魏晋南北朝之前，南北方的农作物分别是水稻和粟米，农作物格局稳定，后来随着政权更迭和为躲避战争的大规模迁徙，南方渐渐有了小麦、粟米等作物，但仍以种植水稻为主，北方也有了水稻，但仍以种植小麦为主。梁代陶弘景曾说："粟，江南西间所种皆是。"这一时期，南北作物发生了变化，但仍各有侧重。

菜肴风味

"南食""北食""八大菜系"是我国地域食俗的典型代表。

我国各地盛产食材不同，气候特点不同，人们的饮食喜好也不同，菜肴的烹饪方式和口味逐渐形成了鲜明的地域特色。

唐宋时期，"南食""北食"渐成体系。宋时，南北饮食口味为"南咸北甜"，北宋沈括在《梦溪笔谈》中说："大底南人嗜咸，北人嗜甘。鱼蟹加糖蜜，盖便于北俗也。"辣椒传入我国后，西南地区因多雨潮湿故渐嗜辣。"南食""北食"虽饮食风格、风味不同，但各有千秋，诗人陆游曾专门作诗称："南烹北馔妄相高，常笑纷纷儿女曹。未必鲈鱼苣菰菜，便胜羊酪荐樱桃。"（《食酪》）后来，北人大量南迁，南北饮食相互影响、融合。

明清时期，地方菜体系日益完善，之后菜肴体系不断分化、定型，在长期的发展过程中，形成了独具中国菜肴特色的八大菜系，即鲁菜、徽菜、川菜、苏菜、浙菜、湘菜、粤菜、闽菜。

因时制宜的节令食俗

◆ 节庆食俗

在中华民族五千年的悠久历史中诞生了各种节日，其中很多节日都与特定的节庆食俗相关，足见人们"民以食为天"的传统饮食观念和对饮食的重视。

我国主要传统节日中，不同节日有着不同的节日饮食风俗。比如，春节吃饺子，谐音"交子"，寓意年岁更迭；元宵节，北方多吃元宵，南方多吃汤圆；清明节吃青团、提倡冷食；端午节流行吃粽子和喝雄黄酒；中秋节食月饼，有团圆之意；腊八节，家家户户会熬煮腊八粥。

饺子

汤圆

青团

粽子

在我国少数民族的民族节日中，除了会举办一些风俗活动，亦有各种美食相伴。

例如，"三月三"是许多少数民族的共同节日，在"三月三"，壮族人民会做五色糯米饭，煮红鸡蛋，做糯米"艾粑粑"等；瑶族会喝油茶，吃梭子粑粑；侗族人民则喜欢吃甜藤粑。

再如，有的少数民族会在本民族独特的节日中，做特色节日食物来庆贺等。比如，藏族的青稞酒、酥油茶，维吾尔族的馕、烤羊肉，蒙古族的马奶酒、手抓羊肉等，都是少数民族人们在重大节庆日不可缺少的特色饮食。

五色糯米饭　　　　　　　　　　酥油茶

◆ 时令食俗

时令是古时根据季节而定的和农事有关的政令。古人春耕夏耘，秋收冬藏，顺应时令开展各种生产生活活动，包括饮食活动。从饮食的角度来看，古人"守时令"的饮食风俗与现代人在饮食方面讲究"应季""时鲜"的思维是一脉相承的。

古人在饮食上"因四时而动"。一年四季中，本季节生长的时鲜食物尤为可贵，强调吃当季食物而不吃过季食物。"一骑红尘妃子笑，无人知是荔枝来"便是食鲜食的典型例子。虽然根据记载，汉朝时期就有了温室大棚种植技术，但那些反季果蔬只有王公贵族才能享用到，普通百姓仍是根据季节变化吃当季瓜果蔬菜。

饮食起居，四时养生

"养生"是古人重要的饮食之道，古人对"吃什么""什么时候吃""什么人吃""怎么吃"等非常讲究。古人会研究食物特性，通过食用不同的食物来达到食疗养生的效果，如梁代养生学家陶弘景认为黑芝麻是"八谷之中，唯此为良"，是"养生妙品"。

我国古代许多经典著作都曾有与饮食养生相关的记载，《管子》中记载："饮食有节……则身体利而寿命益。"《黄帝内经》指出："五谷为养，五果为助，五畜为益，五菜为充。"主张主食副食搭配、荤素搭配，与现代所倡导的科学饮食原则一致。《本草纲目》记载："饮食不节，杀人顷刻。"这些经典著作成为古人饮食养生的重要参考。

通过饮食来养生的观念和风俗对古人的影响是根深蒂固的，孔子曾说"不时，不食"，意思是不到固定时间不要随意饮食，要按时饮食。民间亦有"莫吃空心茶，少食中夜饭""宁可食无肉，不可食无豆""饭后百步走，活到九十九""药补不如食补""早吃好，午吃饱，晚吃少"等俗语。

居住：各地民居，
各具乡土风情

从原始社会先民择洞穴而居到各地特色民居建筑的形成，再到如今城乡高楼林立，中国建筑走过了漫长的发展历史。在广袤的中华大地上，人们依不同地形、地貌和气候而居，建造出不同形制、特色鲜明的民居建筑，成为地方建筑艺术和地方风土人情的重要名片。

源远流长的民居文化

原始社会时期，先民为躲避野兽侵袭，寻自然山洞而居，或在靠近水源的平坦林地用木枝搭建庇护之所。随后，原始房屋建筑中的承重结构逐渐发展成为墙柱、檐柱、梁柱，夏商时期，有屋、有门、有院的院落式家庭住宅已经形成。[①]

在整个封建社会，受封建等级制度的影响，民居建设遵循严格的住宅等级制度，与宏伟高大、金碧辉煌的宫廷建筑不同，也有别于王公贵族府邸的雕梁画栋、斗拱彩绘，民居大多古朴素雅，在建筑结构、布局、审美上均受地理环境、建造成本、建筑风水、家族观念、地方民风等的影响，最终形成浓郁的地方民居民俗。

于民居中探乡土风情

我国各地民居建筑形制和建筑材质多样，风格各异，充分反映了当地乡土特色和民风民情。

◆ 方正安逸的四合院

我国各地都有四合院，通常四面建筑合围一个院落，建筑外观呈现正方形或长方形。北京四合院作为我国华北地区典型的民居建筑最为著名，大大小小的四合院散落在北京的胡同里，隔绝闹市喧嚣，给人安逸闲适之感。

---

① 李慕南. 民居民俗 [M]. 郑州：河南大学出版社，2001：10.

北京四合院通常有一个正门可进入，进入大门后可见一面雕刻或装饰吉祥纹饰的影壁（也称照壁），影壁可以避免外人一进门就将院内景致或活动一览无余，起到保护隐私和装饰作用。进入院中，可见坐北朝南的正屋、东西厢房、南房，四面房屋合围一个院落，便构成了最简单的"口"字形四合院，也有多座四合院相连的情况，如前后（南北）院或东西院。根据院落前后结构，北京四合院还可分为"口"字形的一进院落、"日"字形的二进院落、"目"字形的三进院落以及四进院。明清时期，除王公贵族的府邸外，老北京城内大户人家的四合院多为三进院或四进院。

北京四合院在建筑格局上体现出了对称、方正的传统建筑观念，四合院中，房屋、庭院、门廊等排列有序，有主有次，方便起居的同

北京四合院

时又具有较强的私密性，一般是几代同堂共居同享天伦之乐，与中国传统家族集体主义观念相契合。

◆ 质朴淡雅的徽派民居

徽派民居主要指古徽州地区的民居建筑。这里的民居建筑深受儒商文化的影响，建筑风格是在明清时期徽商经济基础、宗族观念、贾而好儒的文化观念与审美追求等的基础上发展而来的，整体质朴大气、清新淡雅。

徽派民居多为独立的庭院，庭院与庭院之间有高高的马头墙，起到防止火势蔓延的作用，也起到保护庭院独立性和私密性的作用，亦表现出当地积极向上的民风。

再细观各个庭院，粉墙黛瓦[①]之中，点缀着精致的石雕、木雕，体现了当地人精致的生活追求。房屋错落，连接成片，隐于青山绿水之间，犹如一幅幅淡雅的中国水墨画，孕育了这里尊重自然、儒雅、灵动的田园乡风。

◆ 靠土而居的窑洞

黄土高原位于我国西北地区，这里冬季严寒、夏季暖热、降水稀少、气温日差大，人们因地制宜地凿洞而居，在厚厚的黄土层中开凿

---

① 雪白的墙壁，青黑的房瓦。

徽派民居

出一个个坚固耐用、节省材料、造价经济、冬暖夏凉、风格粗犷、简练大方的窑洞。

黄土高原的窑洞大致有三类，即沿崖式窑洞（靠崖式窑洞）、地坑式窑洞、拱式窑洞。[①] 这些窑洞充分利用了地势特点，构成黄土高原的民居风貌。

沿崖式窑洞充分利用了黄土土层较厚、土质密实、壁立不倒的特点，在建造时，需先选一处直立坚固的黄土削平立面，再从土层的平立面向里凿挖拱形窑洞，之后内壁涂抹麦秆、石灰等混合物加固，外壁砌土坯加装门窗，一个简单的窑洞便建造完成了。

---

① 李少林.中华民俗文化——民居 [M].呼和浩特：内蒙古人民出版社，2006：54.

地坑式窑洞在黄土平地向下挖坑，四周见方，坑深数米，再由坑的四壁向里凿挖窑洞，形成天井式院落，院落一角的窑洞内凿斜坡甬道通向地面。

拱式窑洞不需要靠崖或深入地下，可独立建造，选址更为灵活，且不失窑洞建筑特点。

窑洞民居充分体现了房屋建筑与自然环境相互依存的特点，其与自然相融合，节省人力财力，体现了居住在黄土高原的人们节俭淳朴的民风和对自然的尊重。

错落有致的沿崖式窑洞

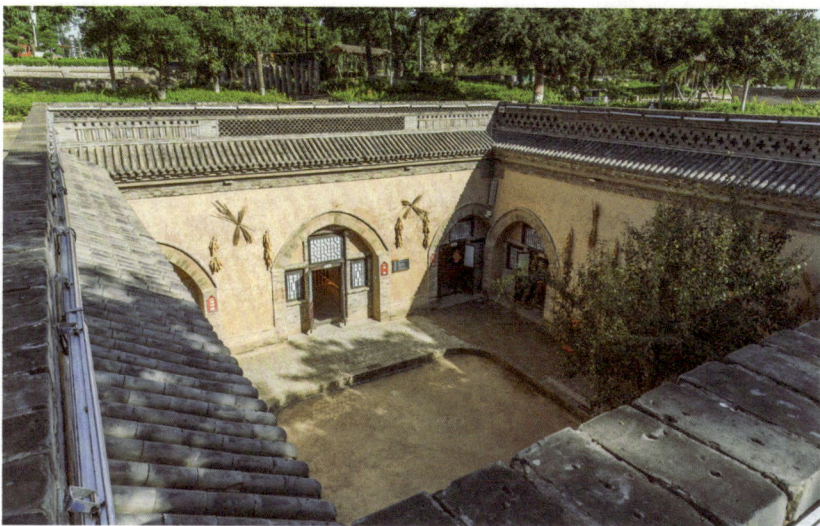

掩于地下的地坑式窑洞

◆ 聚族而居的土楼

土楼在宋朝时已有雏形，明清时期发展成熟，主要分布在如今的福建、江西、广东等地。元末明初，倭寇和海盗为患，沿海许多村庄集合族人和村人力量建造土堡，聚族而居，以达到防卫的目的，这便是土楼的最初起源。

从土堡（寨）到土楼，经过明、清、民国，发展至今，许多土楼建成后经历几百年风雨而坚挺屹立，是集体建筑智慧和力量的体现，也浓缩了家族荣辱与共的集体观念和思想。目前，现存土楼中比较有名的土楼群有初溪土楼群、河坑土楼群等，比较有名的土楼建筑有承启楼、永隆昌楼、南阳楼、振福楼、振成楼等。

土楼群

土楼的建筑形制奇特，为围合式多层楼式建筑。从外观看，土楼有圆形、方形、椭圆形等不同的形状。

土楼的外墙厚且坚固，墙壁由生土夯筑，墙下宽上窄（底层墙宽可达 3 米，顶层墙厚不小于 0.9 米）。除大门外，一二层墙壁外侧均不设门窗，墙内用木板分隔成多个房间，同一层楼的各个房间由走廊相互连接。大的土楼可建造房间五六百间，能同时容纳上千人居住。土楼内有齐备的居住场所和生活设施，还有水井、祠堂。关上大门的土楼可成为一个坚不可摧的堡垒，是一个宗族安全的栖息地。外墙高大不可轻易进入，墙内自给自足、生活有序。

在过去，土楼是居民们合力建造的安定居所，一致对抗外来侵害。如今，土楼的防御功能已经褪去，但它守护了一代代子孙的成长，在人们心中仍然具有重要的地位。和睦相处的家庭传统观念、荣辱与共的家族观念，成为这片土地上的人们共同认可的民风文化，代代传承。

土楼内部

◆ 离地而居的吊脚楼

吊脚楼是我国桂北、湘西、黔东南等地区的传统民居。这些地区多山林，降水丰沛，地面潮湿，吊脚楼一面接地、三面悬空，楼下用木柱支撑，可堆放杂物、饲养家禽家畜。吊脚楼依水而居，既能解决吃水用水和以渔为生的基本生活生产问题，还能保持房屋的通风干燥、远离地面蛇虫的侵扰，确保安居乐业。

吊脚楼凝聚了灵动的自然气息，体现了人与自然和谐相处的生存智慧。鳞次栉比的吊脚楼临水而立、依山而筑，与江水、山林融为一体，民族风情与自然风光有机融合，体现了西南地区人们的建筑审美与自然审美。

吊脚楼富有浓郁的历史人文气息，其作为我国西南地区的古老民居建筑，保留了人类最初架木建屋的居住方式，再现了原生态的居住和生活方式，与现代城市的钢铁水泥丛林生活形成鲜明对比，是西南少数民族建筑文化和生活文化传承的重要载体。

吊脚楼

出行：南船北马，迎来送往

走亲访友、赶考经商、赴任迁徙等，是古人出行的重要目的，在缺少高效交通工具的时代，车马缓慢，山路崎岖，水路曲折，但路上的旅人并未因此而停滞，地域化出行方式和迎来送往的礼仪风俗亦流传久远。

良辰吉日，有备出行

早在原始社会，就有凡做出重大决策前进行卜问的风俗。在我国许多民间故事中也流传着帝王出征要看天象、择吉日出行的传统。在河南安阳殷墟墓中，已出土的刻辞甲骨上有很多关于占卜的文字记载，多与政治、文化、天文、气象等相关，有不少还记录了人们对出行吉凶的预测。

古人受认知所限，对天文、地理知识知之甚少，不能很好地把握天气变化和行程路线，于是便希望求助于占卜，以求心安。实际上，这种朴素的问吉心理就和现代人出门要看天气预报的道理相同，是对出行的必要筹备。

无论是走亲访友、郊外踏青，还是赶考经商、赴任迁徙，抑或是嫁娶、出征等，古人都会择良辰吉日出发，并且准备足够的盘缠（路费），装点足够的干粮、行李，以确保出行时间得当、行程安排合理，且途中有备无患、一切顺利。

南船北马，各有所长

骑马、骑骆驼、坐轿辇、乘船等，都是古人出行的重要方式。我国南北方地理环境、气候差别较大，南方江河交织、水路发达，人们主要乘船出行，北方地广、畜牧业发达，人们主要骑马或乘坐马车出行，这也是我国南北方出行方式的重要区别。

◆ 南方多行船，风使帆船疾

我国南方水系发达，乘船①出行非常方便。自隋朝起，京杭大运河修建开通后，全国水系连为一体，南下或北上，乘船走水路更加便利。《梦粱录》中记载：杭州"湖中大小船只，不下数百舫。有一千料者，约长二十余丈，可容百人。"古人上任、出游、访友等，有水路皆会首选水路，乘船出行已经成为百姓出行常态。

乘船需靠人力或靠风扬帆行进，行速或快或慢不完全由人决定，这样的出行方式也正与南方人情感、心思细腻的性格特点相符，船上可品茶、看书、观风景，更有时间生出许多人生感慨。

古代文人乘船，留下许多诗句，可成为南方地区乘船出行风俗的佐证。比如，孟郊作《送从叔校书简南归》，有"北骑达山岳，南帆指江湖"的诗句；李白从白帝城到江陵，乘坐的交通工具便是船，而且方便快捷，有诗云："朝辞白帝彩云间，千里江陵一日还。两岸猿声啼不住，轻舟已过万重山。"孟浩然在"烟花三月"乘船东去，也是走的水路，李白亲自至江边送行，留下"孤帆远影碧空尽，唯见长江天际流"的诗句；张继的《枫桥夜泊》中用"姑苏城外寒山寺，夜半钟声到客船"描述了行船途中靠岸过夜的情景。

明代地理学家徐霞客钟爱旅行，壮游中华，著《徐霞客游记》。除徒步跋涉，使用最多的交通工具便是船只。清朝末期，许多人下南洋谋生亦选择水路出行。

---

① 舟和船是同一种交通工具，这里统称为船。

南方人不仅出行乘船，还以渔为生、以船为家。我国福建沿海和闽江中下游地区有"连家船民"（疍民），世代居住在水上。

一方水土养一方人，乘船作为南方出行的重要方式，是自然的造化，也是人的选择。

◆ 北方擅骑马，挥鞭万里去

汉民族骑马出行的风俗，最早源于战国时期的胡服骑射改革，赵武灵王学习少数民族，改革服饰，以方便骑马。在古代，马（车）是王公贵族出行的主要交通工具，传递军情也会使用到马匹，马的奔跑速度快，可以"日行千里，夜行八百"，非常适合长途运输和紧急情况下的出行。骑马快捷方便，但养马成本较高，通常富贵人家多选择骑马或乘坐马车出行，普通百姓日常出行除了骑马外，出于经济适用性考虑，也会选择骑牛或骑驴代步。

古人乘坐马车或骑马行进，有专门的道路。史书《国语》中记载："列树以表道。"大道两旁会栽种树木，路途中会设置亭（十里一长亭，五里一短亭），供行人歇脚休息。

隋唐以后，民间骑马出行之风日盛，唐朝崇尚胡风，《新唐书·舆服制》记载："贵贱皆以骑代车。"此时无论男女老少、社会地位高低，骑马出行已经非常普遍，官员、官眷会骑马入宫，百姓会骑马春游赏花。《集灵台》中记载："虢国夫人承主恩，平明骑马入宫门。"唐代画家张萱作《虢国夫人游春图》，画中描绘了虢国夫人携女伴骑马出游的场景。

明清时期，北方出行方式的首选仍是骑马。元明史料《谷山笔麈》中记载，明朝有法令明确规定"国朝文武大臣皆乘马"。清朝官员骑马者多，乘轿者少，百姓奔走和商人经商，马都是非常重要的交通工具。

整体来看，骑马出行的风俗始于先秦，唐宋时盛行，一直延续至明清。马在北方出行工具中始终扮演着重要角色。

迎来送往，礼仪周到

中国作为礼仪之邦，十分重视出行相关礼仪。古人远行，在出行前会有送别之礼，到达目的地后则有接风、洗尘之礼。行旅途中还会有书信往来，互诉思念之情或行旅见闻。

而如有客人到来，主人必亲自迎接或差人迎进门来，带至屋内，奉上茶果点心或设宴招待，而且对迎门的行走礼仪和款待时的饮食礼仪亦有讲究。《史记·魏公子列传》中记载："赵王埽（扫）除（台阶）自迎，执主人之礼，引公子就西阶。公子侧行辞让，从东阶上。"《礼记·曲礼》中记载："凡与客人者，每门让于客……上于东阶，则先右足；上于西阶，则先左足。"这里有提到"让客人先进门"和"上东阶先抬右脚，上西阶先抬左脚"的礼仪风俗。此外，我国迎送礼仪中还有"左迎右送"的礼俗。《隋唐嘉话》记载："旧诸街晨昏传叫，以警行者，代之以鼓，城门入由左，出由右。"古代"左迎右送"的礼俗大抵也源于此，人们往往站在路的右边送别客人或友人，站在路的左边迎接客人或友人。

如出行去拜访或投靠他人，则必不会空手拜访，必会携带地方特产或对方喜爱的礼物。一些社交性出行，更会提前与共同赴约者相互递送请柬或拜帖。

无论是出行前卜问吉凶，还是不同区域流行的交通方式，抑或是迎来送往的出行礼仪，都是我国人民传统生活方式和风俗，是区域文化和传统礼仪的重要内容，值得后人探究与传承。

风俗妙趣

传统出行礼俗和交通规则

不仅现代人出行需要遵循交通规则，在我国古代，人们出行也要遵循一定的出行规则和礼仪。

先秦时期，男女不得同行，要分开走。《礼记·王制》中记载："道路，男子由右，妇人由左，车从中央。"一条道路，男子走右边，女子走左边，中间是车辆通行的区域。

隋唐时期，人们出行崇尚"靠左走"，有了不同方向分流的意识，"凡侍长上出行，必居路之右"（《童蒙须知·杂细事宜第五》），行人在道路上行走，应该"贱避贵，少避老，轻避重，去避来"（《仪制令》），要做到"礼让为先"，否则可能遭受到惩罚，"诸违令者，笞五十"《唐律疏议·杂律》。

到了晚清时期，清政府效仿欧洲，颁布交通规则，行人和车辆才开始靠右行驶。

社会风俗，见证烟火人间的世事百态

风俗源于百姓生活，寄托了百姓对生活的思考和向往。千百年来，民间风俗口耳相传、言传身教，已经融入了千家万户，深深地镌刻在中华儿女的基因里，成为百姓的重要生活态度和生活方式。

婚俗：男婚女嫁，门当户对

自古以来，嫁娶是人生一大喜事，男婚女嫁，子嗣繁衍，才有了人类的不断发展。

中国传统婚俗

中国传统婚俗最初由民间百姓嫁娶风气发展而来，世代沿袭成俗。

北宋刘恕所著的《通鉴外纪》描述了汉族的婚俗婚礼："上古男女无别，太昊始设嫁娶，以俪皮为礼。"约成书于战国时期的儒家经典著作之一《春秋公羊传》中记载："公如齐纳币。何休注，引纳徵礼而申之曰：俪皮，鹿皮，所以重古也。""俪皮"就是成对的鹿皮。远古时期，人们以山洞为居，以兽皮为衣，生产生活资料匮乏，故以珍贵的鹿皮作为聘礼娶妻。

随着生产力的不断发展，古人婚嫁仪式和流程也在不断演变中逐渐固定下来。在封建社会，王公贵族阶层的嫁娶尤其重视礼节和程序，男女婚姻关系建立的过程各朝代虽不相同，但大多较为繁复，彰显了古人对婚礼、婚俗的重视。寻常百姓家因条件有限，婚嫁程序会有所简略，但几乎都遵循了门当户对、"三书六礼"的婚俗。

◆ 男婚女嫁，门当户对

"门当户对"观念源远流长，对后世影响深远，是古代婚俗的重要社会文化基础。在中国古代，凡谈及男婚女嫁，必先问对方的出身、家世、家风，了解对方的家庭情况，看婚嫁双方的家庭背景是否相当。

"门当""户对"原本指中国传统古建筑中的建筑部件。古人宅门之外，门两侧除了放石狮，也会放石鼓，石鼓即为门当，成对出现，有镇邪之用；户对是门楣处的短木桩，与门楣垂直，与地面平行，成对出现，寓意家中男丁兴旺。

古代的等级制度映射在礼乐、服饰、建筑等多个方面，建筑也便成为住宅主人身份和地位的象征。不同身份、地位的人在府邸、宅院、大门的建制（规格、装饰、工艺等）上有严格的要求，"门当""户对"的作用不再仅局限于装饰作用，更有了身份和地位的象征。商人和官员的住宅建筑中，"门当""户对"的建制是不同的；同样为官，级别不同，"门当""户对"的建制也不同。

渐渐地，"门当户对"便逐渐延伸为"门第相当"的意思，后专指婚姻双方地位、经济条件应相匹配。

户对

门当

"门当""户对"

封建社会等级制度森严，"门当户对"的传统婚姻观念便成为古人谈婚论嫁首先要考虑的重要前提条件。

从观念到婚俗，"门当户对"在古人心中有着深深的烙印，古代男子或女子的婚姻关系到家族的声誉和家运的兴衰，门当户对是婚姻的基础，也为婚姻双方互通婚俗、行嫁娶之礼奠定了文化基础。因此，但凡谈及婚姻，必先考虑门当户对，是古代各朝各代流行广泛、影响深远的婚姻风尚。

◆ 三书六礼，明媒正娶

"三书六礼"作为中国古代婚俗婚礼的重要内容，初步形成一定的体系大约是在周朝时期。唐代史学家杜佑撰《通典·礼典十八》记载："五帝驭时，娶妻必告父母，夏亲迎于庭，殷迎于堂，周制限男女之岁，定婚姻之时，亲迎于户，六礼之仪始备。"

"六礼"是一套较为完整的婚姻礼仪，成为之后历代男婚女嫁传统婚礼的重要参考程序。"三书"为"六礼"中所用到的文书，包括聘书、礼书、迎书。

"三书"的基本内容如下。

聘书——定亲文书，写明男方的家庭地址、姓名、年龄等基本信息，同时写明聘请哪位媒人，由哪位人士做保，希望与女方家庭的哪位女子缔结婚姻关系，大致准备了或拟准备哪些彩礼，表示出求娶女方的诚意和决心，以聘书为证。

礼书——男女双方在过大礼期间所使用的文书，写明了大礼所用的具体物品及其数量。

迎书——迎娶文书，男方在去女方家接亲，迎接新娘过门时，送给女方的文书。

"六礼"的具体程序如下。

纳采——男方家庭请媒人到女方家中提亲，询问女方家庭缔结婚姻关系的意向，女方家庭同意这门亲事之后，男方家庭着手准备求娶女方的礼物。

问名——男方家庭聘请媒人到女方家中去询问女方的一些基本信息，如名字、生辰八字、门第、嫡庶、财产、容貌、健康等情况，之后到祠堂或宗庙卜问吉凶。

纳吉——男方家庭在得到吉兆的结果后，将结果告知女方家庭并通知女方家庭准备订婚事宜。

纳征——男方家庭将聘礼送到女方家中。

请期——男方家庭选择一个或几个吉日，准备定下婚期，请示女方家庭的意见或建议，最终定下大婚的日子。

亲迎——男方家在大婚之日，到女方家中去迎娶新娘。

上述"六礼"一一完成，新婚夫妻双方在大婚之日举行成婚仪式之后，双方正式结为夫妻。

周朝"六礼"的嫁娶模板形成之后，后朝多效仿，但会根据具体情况有所调整。汉朝时期，皇太子成婚无亲迎礼；隋唐时期，王公贵族嫁娶皆依照六礼行事。虽程序有增减，但三书六礼的婚俗一直不断延续。清朝时期，三书六礼的婚俗主要在汉民族男女婚姻关系中流传，汉朝官僚家庭儿女嫁娶多行五礼。

各朝各代，民间婚俗多以王公贵族婚姻风俗为蓝本，效仿但有所不同。在民间，寻常百姓家本就没有贵族和官僚阶级看重礼法，也无过多闲暇时间和资产用于儿女婚嫁事宜，故多嫌六礼繁多，只根据男女双方家庭情况行四礼、三礼、二礼。在战事频发、社会动荡时期，六礼程序和成婚仪式也多作简化。古代婚俗在封建社会流传甚久，清朝灭亡后，六礼渐衰，逐渐消失在历史长河中。

"明媒正娶"一词最早见于关汉卿的《赵盼儿风月救风尘》，意指男女双方的婚姻听从父母之命，有媒妁之言，是公开的、正式的、受古代法律保护的婚姻。

明媒正娶是中国古代婚俗之一。在古代，男女婚姻之事主要听从父母安排。此外，媒人在婚姻当中也发挥着重要的作用。在男女双方婚前不曾接触甚至不曾见面的情况下，婚姻之事几乎全靠媒人撮合。首先需媒人说合，其次经父母同意，最后才能成就合法婚姻。

在古代，人们非常看重媒妁之言，有了"明媒"，婚姻才能光明磊落，而古代女子也都希望被男子"正娶"，受到重视。

"明媒正娶"是古人普遍认同的婚俗，反映了古人对婚姻的重视。

风俗妙趣

从"昏礼"到"婚礼"

和现代人的婚礼仪式常常在中午前举办不同，古人的婚礼仪式多选择在黄昏举办。

《礼记·昏义》记载"昏礼者，将合二姓之

好，上以事宗庙，而下以继后世也。故君子重之。""昏礼者，礼之本也。"唐人孔颖达解释："男以昏时迎女，女因男而来。"古人非常重视昏礼，昏礼是礼的根本，昏礼在黄昏举办，太阳即将落山，月亮刚刚升起，昼夜交替，阴阳往来，人事与天时相结合，有顺应自然和天意的寓意。

后世在"昏"字前加"女"字旁，"昏礼"就演变为现在的"婚礼"，结婚仪式也不仅限于黄昏举行，而由男女双方自行商定。

◆ 凤冠霞帔，十里红妆

古代女子出阁嫁人，在穿着装束上非常讲究，凤冠霞帔是古代女子出嫁时的最高规格礼俗。

"凤冠"，是礼冠，汉代以后成为古代妇女着礼服的重要搭配。清代徐珂《清稗类钞》记载："凤冠为古时妇人至尊贵之首饰。"王室帝后大婚，皇后着礼服、戴凤冠；民间女子大婚，也会戴华丽的凤冠参与婚礼仪式。

"霞帔"，指古代女子的艳丽丝带或披帛，由唐朝女子搭配裙衫的丝质飘带（披帛）发展而来。宋代时，宛若云霞的霞帔被作为官员之妻的礼服，霞帔绣云凤花卉等吉祥纹饰，佩挂于颈，绕至胸前，下垂至膝。明承宋制，官眷着霞帔参与重要典礼，发展至清代，霞帔简化，但仍是妇女出席重要场合的礼服。

古代等级制度森严，不同等级的官服颜色、用料、纹饰甚至佩戴的腰带都有严格的要求，不得僭越，民间百姓更不得着官服。但霞帔却能从宫廷流传至民间，成为古代女子的重要礼服，民间女子大婚，必要明媒正娶，着凤冠霞帔，风光出嫁。

红色在古代被视为吉庆的颜色，男女大婚家中必然挂红灯笼、红丝带，一片喜气洋洋，新郎、新娘则在大婚之日多着红色礼服，女子婚服霞帔也多为红色。但唐宋时期有"红男绿女"的礼服搭配，因此女子霞帔主色有红、绿两种颜色。

民间女子大婚时所穿戴的凤冠霞帔虽在款式、用料、细节装饰等方面比不上王公贵族女子的凤冠霞帔的规格和制式，但允许民间女子穿戴此装束，则体现了古人对女子婚姻大事的重视和对婚俗的尊重。

十里红妆作为中国古代重要的婚俗，体现了古代婚姻的"仪式感"。

相传，十里红妆起源于宋朝，不过已无法考证，但宋代女子的确厚嫁成风，苏轼曾写信给友人，提及自己的弟弟苏辙，称："子由有五女，负债如山积。"苏辙为给女儿置办嫁妆，到了倾家荡产的地步。

宋朝时期，女子出嫁，大到木材、床铺，小到碗碟、针线，均

点翠嵌珍珠宝石金龙凤冠

一一记录在册，于大婚前一日或婚礼当日用红布、红箱装点整齐，命专人抬至新郎家，花轿之后，队伍浩浩荡荡、十里红妆，好不风光。

明清时期，我国南方地区，尤其是浙江地区，商贾大户家产丰厚，用十里红妆送女儿出嫁是家族繁荣、地位显赫的象征，红妆婚俗达到全盛，浙江宁海地区的十里红妆、万工轿等民间婚俗更是传承几代，令人称道。

万工轿

🎀 地方特色婚俗

我国地域辽阔，十里不同音，百里不同俗。在古代，除了以汉族为主的中原地区流行婚俗外，我国少数民族聚集的地区亦有各自独特的地方特色婚俗。

◆ 夜婚

为避免遭遇抢亲，人们选择在夜间悄悄完成接亲，后演变为在夜间敲锣打鼓、宴请宾客、举行婚礼。河南南阳夜婚自明朝至中华人民共和国成立前一直存在，泗城壮族如今仍保留着夜婚婚俗。2012 年壮族夜婚还被列入广西第四批非物质文化遗产保护名录。

◆ 走婚

走婚风俗主要在我国西南地区流行，如四川扎坝地区，当地男女结婚以后遵循"男不娶女不嫁"的婚俗，男女双方暮至朝离，仍旧居住在各自的原生家庭中，婚后相互走访。现在，传统走婚与对偶婚、嫁娶婚相融合，形成了新式走婚制。[1]

风俗妙趣

迈火盆、挑盖头

古代举行婚礼时，新娘在新郎家大门外下花轿，沿红毯走进家门，路上会遇到提前摆放好的火盆，新娘不能绕道，需从火盆上迈过去，寓意此后

[1]　熊灵娜. 扎坝走婚形式的变化及其原因分析 [J]. 成都工业学院学报，2017（1）：51.

日子红红火火。

在封建社会，女子未嫁人前多养在深院闺阁中，极少抛头露面，出嫁时为避免被外人看到容貌，会以盖头遮面，入洞房后由新郎官用秤杆挑开，寓意"称心如意"。除了盖头，古代女子出嫁也有以"却扇"遮面的婚俗。

迈火盆、挑盖头的婚俗在我国北方地区广泛流传，现代年轻人有时会特意在婚礼中设置迈火盆环节，或效仿古人举办中式婚礼，承袭迈火盆、挑盖头的婚俗传统。

丧葬：贵生恶死，厚葬久祀

古往今来，生命的诞生和消逝总是特别触动人心、引人深思。从原始社会人们对生老病死的思考，到流传久远的庆生风俗和厚葬久祀，都彰显了人们都对生死的敬畏。

古人的生死观

原始社会，先民们生存环境恶劣，生产和生活资料有限，寿命较短，加上认知有限，由此便形成了早期人类的鬼神崇拜、祖先崇拜等，人们通过祭祀活动占卜生死，祈求神灵和祖先保佑子嗣、带来丰收。

道家和儒家对生死之事有着不同的观念和见解。老子认为："物壮则老。"意指万事万物有自己的发展规律，由弱至强，从盛到衰。《庄子·至乐》中记载："变而有气，气变而有形，形变而有生，今又变而之死，是相与为春秋冬夏四时行也。"认为气息和形体变化成生命，生命逝去又回归自然，和四季变化一样是自然规律，应顺其自然。孔子避谈死亡之事，认为："未知生，焉知死。"指出人要在有生之年做有意义的事，应"闻道""成仁"，不必论生死。

随着社会的不断发展，人们对生死有了更多的思考。从古代文人墨客的诗词与文章中能看到他们对生死的不同态度。或向死而生，如《乐府》中记载："生年不满百，常怀千岁忧……为乐当及时，何能待来兹。"或尊重生命的顺其自然，坦然看待生死，如曹植对生死的坦然："先民谁不死，知命复何忧？"又如苏轼对生死的豁达："人生到处知何似，应似飞鸿踏雪泥"。还有对生命价值的思考，如《晋书·忠义传赞》记载："重义轻生，亡躯殉节。"李清照则发出"生当作人杰，死亦为鬼雄"的感慨。

庆生与丧葬风俗

对于古人来讲，新生意味着希望，死亡意味着终结，故而人们多贵生恶死。这一态度映射到处理生死之事的行为上，便演变为庆生与丧葬风俗。

古人对于生，向来是报以欢庆的态度，子嗣绵延，是家庭、家族中的大事。不同年龄阶段的庆生也成为人的一生中重要的事情。新生儿庆生，父母会举办庆生宴，宴请宾客和四邻，喜庆家族添丁；幼儿满周岁会举办周岁礼和抓周仪式，在幼儿周围摆放代表不同职业的工具，如算盘、笔墨纸砚等，寄托父母对子女的美好期望，希望子女长大有所作为；老人庆生多流行吃寿桃，寓意健康长寿。

古人崇尚厚葬，常会为逝者准备寿衣、寿材等，王公贵族还会修建大型陵墓，陪葬珍贵器物、丝帛、雕刻等，视死为生，希望死后亦能享受生前富贵。

在入葬方式上，中原地区多为土葬，掩于地下或修地下陵墓，视为入土为安。

秦陵兵马俑

妇好墓出土妇好鸮尊

马王堆汉墓帛画

礼仪：生于理，源于俗，流传至今

中国素有"礼仪之邦"之称，周朝是中国传统礼仪集大成的时期，中国传统礼乐文化正形成于此时。在之后漫长的历史发展过程中，中国传统礼仪文化不断丰富，渐成体系。

中国传统礼仪的分类

古代有"三礼"（《周礼》《仪礼》《礼记》），记录了内容丰富、体系完善的中国传统礼仪。《周礼》，周公旦著，记载了古代华夏礼乐文化，对后世历代礼制影响深远；《仪礼》，儒家十三经之一，汇总了春秋战国时期的礼制，包含冠、婚、丧、祭、乡、射、朝、聘等礼仪内容；《礼记》，居"三礼"之首，内容丰富，记载了先秦政治礼制和个人修身及道德、礼仪。

从以"三礼"为核心的礼制、礼仪的诞生与形成来看，中国传统礼仪与封建社会的政治统治、伦理道德相融合，为政治统治服务，为规范个人言行举止以建立良好家庭和社会秩序服务。

从礼仪服务对象和内容来划分，中国传统礼仪大致可以分为政治类礼仪和生活类礼仪两大类。

政治类礼仪，是指与政权相关的祭祀活动、朝拜活动，如祭天、祭地，祀先王、圣贤等。

生活类礼仪，是指与人们日常生活息息相关的礼仪活动，如诞生礼、冠礼、婚礼、丧礼、饮食礼仪、馈赠礼仪等。

深入了解中国传统礼仪

下面以传统政治礼仪中的祭天礼仪和传统生活礼仪中的饮食礼仪为例来阐述中国传统礼仪的起源、诞生与发展。

◆ 祭天礼仪

祭天礼仪起源于上古时期，从先民们的生产生活实践中发展而来。早期人类社会生产生活资料有限，面对生老病死、天灾人祸，受认知所限，人们表现出强烈的无助感和求知欲，渴望通过一种特殊的形式来实现与祖先、神灵的对话，以避免灾祸、获得护佑，因此产生了占卜、祭祀的风俗。

随着国家的建立，掌权者希望自己的"天子"身份得到肯定、受百姓拥护，故而在新帝登基、新年伊始、农收时节、灾祸治理期间等，会举办大型的祭天、祭祖礼仪，以寻求苍天和祖先的庇佑，保佑天下一统、国泰民安、风调雨顺。传统风俗发展为政治礼仪。

古代皇帝祭天，一般在冬至①进行，通常由皇帝携百官一起参与祭天活动。祭天有一套完备的礼仪程序，隆重且复杂。冬至祭天，又称"祭冬""拜冬"。

早在周朝，我国就有了天子祭天的活动和仪式。每年冬至，周天子会在国都南郊祭天，后人称之为"郊祀"。天子祭天盛行于唐宋，一直流传至明清时期。明永乐年间，天坛建成，此后明清皇帝举行大型祭天活动，都会选择在天坛进行。祭天活动表达了古人对以天为代表的大自然的崇拜和祈求社稷稳定、风调雨顺的美好愿望。

古代皇帝祭天之后往往会接着举办或大或小的祭祖活动。民间在有重大节庆活动、农耕活动时，也会举办祭天或祭祖活动，比如古代婚俗中就有"拜天地"礼仪。对天的敬畏已经深深印刻在华夏儿女的基因里，代代相传，流传至今。

---

① 古人认为，冬至是阴阳转枢的日子，冬至过后阴消阳长，是新的开始。《清嘉录》中记载"冬至大如年"。

天坛祈年殿

◆ 饮食礼仪

饮食礼仪是饮食文化的重要组成部分，是中国古代饮食礼制的发展，反映着中国传统礼仪思想，也渗透着中国古代的等级观念。

周代，礼乐盛行，此时已形成了一套较为完善的进餐礼制，之后在各个朝代不断延续和发展。

餐具使用

在古代，不同地位和等级的人使用的餐具规格、数量不同。"钟鸣鼎食"是贵族用餐的最高规格，宴席上，身份地位不同的人所使用的餐具不同。例如，天子可用九鼎，诸侯不得僭越。张衡《西京赋》中的"击钟鼎食"，王勃《滕王阁序》中的"钟鸣鼎食之家"，都反映了古代贵族的饮食礼仪。吃饭时，遵循分餐制，大家列鼎而食，一边吃饭一边欣赏奏乐。

食材搭配

古人的饮食礼仪也体现在食物搭配上。《礼记》中记载："牛宜稌，羊宜黍，豕宜稷，犬宜粱，雁宜麦，鱼宜菰，凡君子之食恒放焉。"君子用餐，应遵守牛肉配稻饭，羊肉配黍饭，猪肉配稷饭，狗肉配粱饭，鹅肉配麦饭，鱼肉配菰米饭的基本原则。可见古人在饮食搭配上十分讲究。

宴请礼仪

古人宴请他人会以请柬相邀，对方无论是否赴宴都会回帖。宴请之日，主人通常会在门前或厅堂迎接宾客，主人与宾客相互寒暄，主人亲自迎宾或差人引宾客入室或入席。

入座礼仪

多人共食，在座次上遵循老少尊卑的礼仪，如主人、贵宾、长者坐上座，其余人按地位、辈分依次落座。入席后，主人应陪客人共同进餐，不能不等宾客吃完就撤掉宴席，也不得丢下宾客去做其他事情。宾客应"虚坐尽后，食坐尽前""上客起"（《礼记·曲礼》），即入座时，身体尽量靠后，端正身体，吃食物时尽量靠前，以免食物掉落到坐席上；当有贵客来时，应起身以示尊敬。

进食礼仪

古人强调，赴宴时，"与人共食，慎莫先尝；与人同饮，莫先举觞"。也就是要时刻关注主人的举动，主人未动筷子，客人不要先自顾自地品尝食物或饮酒。古人即使是在自己家里用餐，也要遵循进食礼仪，如用餐前应洗手，吃饭时不要发出过大声响，不能吃得满嘴流油，不能将夹起的菜或食用过的食物放回公共菜盘中，等等。

中国古代饮食礼仪源于人们对尊卑、长幼等关系和自我言行规范的认知，是社会生活的反映，也是社会生活的需要。上述饮食礼仪中的很多礼仪成为一种风俗延续至今。如今，人们在日常饮食中，依然保留着互敬互重的宴请礼仪、长幼有序的座次礼仪、荤素搭配的餐桌礼仪等。饮食礼仪是中华传统礼仪的重要组成部分，也是现当代礼仪文化中不可忽视和缺少的内容。

文明家风、传统美德，代代传承

文明家风、传统美德，都是中国传统文化的重要组成部分，凝聚了古人对个人修养、家族兴旺的思考，被视为中国传统文化中的精华代代传承下去。

古代经典家风家训

中国古代有许多名人贤士，他们不仅具有高尚的个人品格，也对子孙后代提出了殷切的希望和告诫，留下许多肺腑之言和家训。

古人重视家风建设，留下许多有文字可考的家训，如帝王家训：周公的《诫伯禽书》、李世民的《诫皇属》；名臣家训：诸葛亮的《诫子书》、包拯的《包拯家训》；文人家训：孔子的《过庭训》、颜之推的《颜氏家训》、朱柏庐的《朱子家训》、李毓秀的《弟子规》等。

古人家训以道德元素为核心，兼有仕途知识与文辞技艺，内容涉及个人品德、教育、谋生、为人处世、家国情怀、民族气节等方方面面，成为后世人们"修身、齐家、治国、平天下"的重要参考标准。随着后世人对名人贤士的敬仰，许多家风、家训得以以文字、歌谣等形式被人们世代传颂、传承，也成为影响地域风俗的重要文化内容。

以诸葛亮的家风家训为例，《诫子书》《诫外甥书》《诸葛武侯家训》等，都收录了诸葛亮及其后人对"静以修身，俭以养德，非淡泊无以明志，非宁静无以致远""夫志当存高远，慕先贤，绝情欲，弃凝滞"等君子珍贵德行、远大志向的深刻认识，内容积极向上，言辞恳切、朗朗上口，为民间所赞誉和传承。如今，诸葛家训已经成为诸葛亮后裔聚居地浙江兰溪的文明风尚，当地建文化馆作为爱国教育基地，倡导学习诸葛家风家训，展示民风民俗，宣传社会新风尚。

过庭训

　　孔鲤，古代大教育家、思想家孔子的儿子。孔子的弟子陈亢曾问孔鲤，老师孔子在私下有没有对他有特别的教育，孔鲤回答没有，然后讲了这样一个故事：

　　有一天，孔子站在院子里，孔鲤正快速走过，孔子叫住孔鲤问："学《诗经》了吗？"孔鲤说："没有。"孔子便说："不学《诗经》，怎么懂说话？"孔鲤便去学习《诗经》。第二天，孔鲤又在院子里碰到孔子，孔子问："学礼了么？"孔鲤说："没有。"孔子说："不学礼，如何懂做人？"于是孔鲤就去习礼了。

　　《论语》中："不学诗，无以言；不学礼，无以立。"说的就是孔子教育孔鲤的故事，后世称为"过庭训"。这个故事不仅表现了孔子对儿子、弟子教育的一视同仁，更说明了孔子对礼教的重视。

传统美德与风俗的融合

中华民族传统美德是在中国五千年历史中影响深远、世代传承，并不断发展创新的优秀道德文化。

传统美德和传统风俗在思想观念和价值观上是相互认同的，彼此相辅相成、相互融合，二者还有着共同的文化和精神根基，均与传统文化紧密相连。

比如，春节普天同庆，邻里乡亲相互走访拜年、相互庆贺的风俗，与仁爱孝悌、谦和好礼的传统美德完美融合了起来。九九重阳节登高、敬老助老风俗与孝老爱亲的传统美德相互融合，是许多地区地方文化和文明风尚的重要内容。此外，已经融入百姓日常生活的节气风俗与勤俭节约、勤劳致富的美德相互融合，成为广大人民群众的普遍共识。

仁爱、诚信、勤俭、克己、奉公、爱国等美德，是古代优良风俗，也是现代社会所倡导的文明新风，以风化人，是自古至今促进构建和谐社会的重要内容和民族精神内核。

地域风俗，百里不同风，千里不同俗

中国土地辽阔，民族众多，这使得不同地域之间的风俗不尽相同。

得天独厚的冰雪民俗文化、草原上悠扬的马头琴声、高原上的特色美食、盛大的民族节日、独具特色的地方民居……勤劳智慧的人们向世人展示着地方独特的民俗风情，走进这方天地，才能领略到独属于本地域的风俗文化。

东北：黑土地上的特色风俗

　　东北地区，主要包括黑龙江、吉林、辽宁三省，以及内蒙古东部的部分区域，古时也称作辽东、辽海、关外。东北地区是一个多民族、多文化的地区，在这片黑土地上有着独特的民俗风情。

独特的冰雪民俗文化

　　东北地区属温带季风气候，由于地处纬度较高，夏季短促而凉爽，冬季漫长而寒冷，昼夜温差较大，得天独厚的地理位置和气候条件造就了独特的冰雪民俗文化。

　　东北地区的冰雪民俗文化历史悠久。早在隋唐时期，生活在东北地区的人们就"以木为马，雪上逐鹿"。人们在雪地里进行冬捕，"木马"与如今的滑雪板颇为相似，人们在冰天雪地中依靠"木马"前行，在雪上追逐奔鹿。

东北地区的一些饮食习惯也与冰雪有关。早在辽代，当地的人们就有吃冻梨的习惯，《文昌杂录》记载："取冷水浸良久，冰皆外结，已而敲去，梨已融释。"冰雪为食物的保存提供了天然有利的条件，直到如今，冬天吃冻梨、冻柿子的习惯依然有所保留。

东北地区的人们还利用本地冰雪丰富的特点，开展多种冰雪运动，清朝时期，东北地区的冰雪运动多达十余种，如冰嬉、跑冰鞋、滑雪爬犁、冰上抢球、射球、跑冰鞋、打滑挞、抽冰陀螺、雪地走等。人们认为，冰上运动可以强身健体，因此还会举办各种冰上表演

东北冻梨

和比赛。

如今，东北地区的冰雪运动形式更加多样，滑雪、滑冰、冰球、速滑、冰上自行车等都是人们喜爱的冰雪运动。

传统冰雪运动经过演变，虽然形式发生了变化，但其内涵始终保持不变。这些冰雪运动，让人们感受到运动的乐趣，丰富了人们冬季的娱乐生活，不仅可以提高人们的身体素质，增强体魄，更能让人们挑战自我，感受雪地独有的魅力。

除了冰雪运动，东北地区的人们还在冬季开展种类多样的其他冰雪活动，既丰富了本地人的娱乐生活，也吸引了不少中外游客。比如，每到冬季都会举办冰雪节，展示冰雕和雪雕作品，有时还会举办比赛。

造型精美的冰雕作品

　　能工巧匠们将冰和雪雕刻成各种栩栩如生的形象，一些晶莹剔透的冰雕搭配灯光的照射，能够呈现出绝美的视觉效果，给观众带来视觉上的冲击和享受，让人感受到特别的冬日氛围。

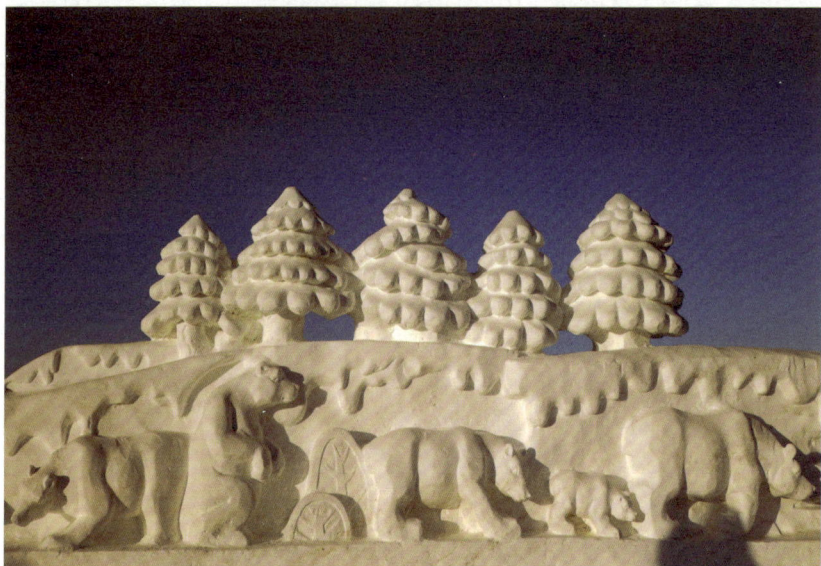

栩栩如生的雪雕作品

东北人的特色娱乐

　　东北地区不仅有独特的冰雪文化，还有独特的娱乐活动。东北秧歌和二人转就是黑土地上的特色娱乐方式。

东北秧歌是深受人们喜爱的民间歌舞，康熙年间的杨宾在《柳边纪略》中写道："上元夜，好事者辄扮秧歌。"可见，在清朝时期东北秧歌已经十分流行。

逢年过节，人们通过扭秧歌这种娱乐方式来庆祝节日。东北秧歌集合了歌唱、舞蹈、击鼓、唱词等多种表演方式，风格独特，形式诙谐，将东北人豪迈、热情、朴实、善良、幽默的性格特点展现得淋漓尽致。表演者表演东北秧歌时常常身着色彩艳丽的服装，往往以戏剧服装为主，表演时会借助一些道具，如手绢、扇子、丝带等。东北秧歌的舞蹈形式十分丰富，包括踩高跷、舞龙、舞狮、跑旱船等。

二人转有着三百多年的历史，是东北另一种喜闻乐见的娱乐方式。东北二人转，也被称作"蹦蹦"，是在东北秧歌的基础上，吸收了东北大鼓、霸王鞭、河北梆子以及民间笑话等多种艺术形式而发展起来的一种民间艺术。它的表演形式丰富多样，唱腔多变，表演内容贴近人们生活，体现了东北劳动人民独特的艺术才能。每逢佳节或者家有喜事，人们就会邀请二人转演员前来表演助兴。

西北：马背上的勇武民风

西北地区是指位于中国西北内陆的一片区域，包括甘肃、内蒙古等地。西北地区地域辽阔，聚居在这里的民族擅长骑马，勇敢豪爽，形成了勇武民风。

马背上的游牧民族

西北地区草原辽阔，自古以来，居住在草原上的人民都过着自给自足的游牧生活。

马匹是游牧民族最忠实的伙伴，西北地区的人们自古喜爱马、崇尚马，因而衍生出独特的崇马习俗。人们为马儿写赞歌，每逢重大节日时举办赛马活动，还将骏马的雕像和石碑树立在广场上。

　　人们在进行放牧、狩猎等活动时都离不开马，马是游牧民族不可或缺的重要伙伴。草原广袤，马跑得又快又远，为人们出行和迁徙带来极大的便利。如今，随着科技的发展，人们出行的交通工具变得丰富多样，但是在辽阔的大草原上，马仍然是人们不可或缺的重要交通工具。

在草原上骑马奔驰

草原上的那达慕盛会

"那达慕"在蒙古语中表示娱乐、游戏，是蒙古族、鄂温克族等民族的传统娱乐、体育活动，是大草原上一年一度的盛会，具有鲜明的民族特色。

那达慕历史悠久，据《成吉思汗石文》记载，早在13世纪初，草原上就开始举办那达慕活动。

大蒙古国建立初期，成吉思汗为了检阅将士并庆祝丰收，在七、八月间将各个部落召集在一起，举行比赛活动。

射箭、赛马、摔跤是那达慕盛会中的主要比赛项目。起初，只比其中某一项，到元、明时期，人们将这三项活动结合在一起形成新的比赛形式，自此，"那达慕"成为这三项运动的简称。

那达慕盛会

如今，每到七、八月间，草原上的人们骑马乘车，身着盛装，从草原的各个方向前来参加那达慕盛会。人们在这场民族盛会上载歌载舞，激烈比赛，整场盛会将游牧民族人民的勇敢、豪爽、热情展现得淋漓尽致。而通过那达慕盛会，游牧民族的文化也得以不断传承和弘扬。

尽显草原风情的马头琴

马头琴是蒙古族独具特色的拉弦乐器，琴头上雕刻着健美的马头，马头琴也因此而得名。马头琴体现了人们对马的崇拜，是蒙古族文化重要的一部分，在蒙古族传统的祭祀、婚礼、节日等重要场合都离不开马头琴的演奏。人们用马头琴为舞蹈和歌唱伴奏，表达或敬畏或祝福或欢愉的情感。

人们不仅用马头琴来娱乐消遣，还将它用于一些民俗活动中。例如，人们相信春天用马头琴为母畜演奏，能让其增加奶水，冬天用马头琴演奏英雄赞歌，能为人畜消除灾病。

马头琴演奏

黄河流域：根源深厚，
原生多彩

黄河，位于中国北部，是中国的第二长河。其流经青海、四川、陕西、山西、河南、山东等多个省区，千百年来养育了无数中华儿女，哺育了灿烂的中华文明。黄河流域的民间风俗涉及衣食住行、庙会节庆、民间艺术等方方面面，可谓是丰富多彩、包罗万象。

从衣食住行，看黄河流域风俗文化

黄河流域的先民依河而居，大多从事农业、养蚕业等，平日里穿着朴素、实用，以布制衣物为主。

饮食上，黄河流域的先民们普遍食"五谷"，即麻（俗称麻子）、黍（俗称黄米）、稷（俗称小米）、麦（主要指小麦）、菽（豆类农作物）。在历史发展的过程中，黄河流域的不同地区衍生出很多特色美食，比如青海地区的人们逢年过节必不可少的传统美食有青海三烧、酥合丸、熬饭、炸馓子等；在陕西地区，过年常吃的美食有蒸花馍、关中八大碗、紫阳蒸盆子、葫芦鸡等；在山东，很多人家在节日时烹制葱烧海参、山东烧鸡、糖醋黄河鲤鱼等特色食物。

黄河流域最具地域风情的民居类型莫过于窑洞。窑洞的发明与黄河流域古老的"穴居"习俗息息相关。窑洞广泛分布在黄河上游，有的建在山脚下，有的建在山崖附近，具有冬暖夏凉的优势。

在出行方面，黄河流域的人们日常出行或者选择步行，或者选择乘坐骡、马、驴等牲畜或马车。加之黄河沿岸水路较为发达，人们也可以利用舟船前往目的地。

炸馓子

葫芦鸡

庙会节庆风俗

　　在黄河流域的传统风俗活动中，庙会地位特殊，有着广泛的影响力。比如山东泰山东岳庙会，已经成为当地特有的民俗现象，早在2008年就被列入国家级非物质文化遗产。泰山东岳庙会举办时，现场往往人山人海，热闹非凡，人们能近距离欣赏、感受诸多传统风俗项目的魅力，如皮影戏、吹糖人、传红枣等。人们还能在庙会上品尝到当地的很多特色小吃，典型的有泰山煎饼、范镇火烧、东平粥、东平糟鱼等。

除庙会外，在黄河流域受到普遍欢迎的传统节庆活动还包括灯会。比如山西省的九曲黄河阵灯会，其历史悠久，是当地最具特色的民俗活动之一。九曲黄河阵灯会一般于每年的元宵节期间举办，会期3—5天，其间活动众多，热闹无比。当地百姓往往携家带口前去观看，携手共度良宵佳节，期盼来年能顺心如意、健康吉祥。

民间戏曲、舞蹈中的民俗风情

◆ 用于烘托气氛的戏曲艺术

戏曲是综合了民间歌舞、说唱和滑稽戏三种艺术形式的综合性艺术，它集语言与形体于一体，唱与舞是戏曲的重要表现形式。

戏曲不仅是一种艺术形式，更是一种民俗文化。在黄河流域，戏曲有着深厚的民俗背景，是当地人们生活中不可或缺的一部分。在节假日，人们用戏曲表演来进行庆祝；在婚丧嫁娶时，人们用戏曲表演来活跃气氛。

黄河流域地区诞生了多种戏曲艺术，这些戏曲艺术具有浓郁的地域特色和文化底蕴。比如起源于陕西、甘肃等地的秦腔，又称为"陕西梆子"，是中国汉族最古老的戏剧之一。秦腔历史悠久，早在西周时期就已具雏形，到秦朝时期，已经十分成熟。

秦腔成熟以后，流传到全国各地，对各地的戏曲剧种均产生了影响。秦腔的唱词语言节奏明快，唱腔极富表现力，表演技艺粗犷、豪放，常常用夸张的表演方式展现生活百态。

河南的豫剧，是中原大地上久负盛名的地方戏曲，也是中国戏曲宝库中不可或缺的一部分。它的前身是河南梆子，起源于河南省中部地区，后来逐渐传播到其他省份。豫剧演出团体还曾漂洋过海，在海外进行表演，获得"东方咏叹调""中国歌剧"等赞誉。

除此之外，山东的吕剧、山东梆子等，也是中国传统的戏曲艺术形式，具有悠久的历史和深厚的文化底蕴，深受人们喜爱。

◆ 陕北高原上独特的欢庆方式：安塞腰鼓

安塞腰鼓是陕北高原上人们喜闻乐见的表演形式，每逢重大活动，如庆祝新年、运动会等，人们都会进行安塞腰鼓表演。安塞腰鼓集合了舞蹈、歌曲、武术的精华，表演威猛刚烈、刚劲豪放。这种表演气势宏大，常常需要几十人甚至上百人，整齐统一的动作搭配豪迈粗犷的舞姿，给人带来视觉上的震撼和享受。

长江流域：开放包容，特色鲜明

长江，位于中国南部，穿越中国 11 个省、自治区和直辖市，是中国乃至亚洲第一长河。在漫长的岁月中，长江流域孕育出璀璨辉煌的华夏文明，哺育出丰富的民间风俗文化。

长江流域的节日风俗

长江流域文化包含楚文化、滇黔文化、巴蜀文化、皖文化等，各地在节日风俗上不尽相同，可谓丰富多彩，各有千秋。

比如，在湖南、湖北（属于楚文化区）一带，春节时有着不少独特的风俗习惯。在湖南，大年三十晚上很多人家会炖鸡、蒸鱼。炖鸡一般选择整鸡清炖，寓意着大吉大利，三十晚上蒸好的鱼最好留到初一再吃，寓意着年年有余。在湖北襄阳地区，过年时会吃荸荠，寓意着一年到头顺顺利利，逢凶化吉。

在贵州（属于黔文化区），当地的布依族在农历三月三到来时会举办"地蚕会"（布依族传统节日）。节日期间，当地的布依族人会相聚在一起欢快地唱山歌、吹木叶（流行于民间的一种吹奏乐器）。

在四川南充（属于巴蜀文化区），当地的人们在正月十五时会举行"蛴蟆节"。节日当天晚上，人们聚在室外，一边唱着特色民谣，一边举着由竹子制作的蛴蟆灯，在锣鼓、唢呐声中抬着灯向村外走去。走到村外小河边，人们相继将蛴蟆灯扔到河水中或者插在河岸旁，那场面很是热闹。送蛴蟆寓意着送走灾祸，祈求健康、幸福。

在安徽合肥（属于皖文化区）一带，正月十五流行玩旱船的风俗。在现场，最引人瞩目的莫过于旱船的"灯芯"（一般由女性扮演）和艄公。艄公头上戴着一顶破旧的草帽，手里拿着一把芭蕉扇，一面随着摇摆的旱船扭转身姿，一面哼唱着幽默的小调，时不时引得观众哄堂大笑。

长江流域源远流长的饮茶风俗

中国是茶的故乡，茶树原产于中国西南巴蜀一带，秦惠王兼并巴蜀后，巴蜀文化与中原文化开始融合，当地的饮茶习俗借助长江水系随着人口的迁移开始扩散传播。

在长江流域，茶叶在多种民俗活动中都发挥着重要作用。以婚嫁为例，汉族传统的婚嫁礼仪中的"六礼"就包含茶，茶是聘礼中最重要的礼品之一。在正式的婚礼仪式中，新人要向长辈敬茶。茶在祭祀活动中也起着十分重要的作用，茶叶向来被人们认为是洁净、纯洁之物，因此在祭祀活动中茶被用来表达敬意，寄托哀思。除此之外，在长江流域的各种岁时节令庆祝活动中，都能看到茶的身影。

长江流域风俗文化艺术的瑰宝——刺绣

蜀绣、湘绣与苏绣都在"中国四大名绣"中占有一席之地，它们均来自长江流域。长江流域的民间刺绣极具地域风情，与当地人们的生活风俗、人生礼仪风俗息息相关，堪称民俗艺术文化的瑰宝。

◆ 闻名遐迩的蜀绣

蜀绣，又被称作"川绣"，是源自四川地区的刺绣作品。

蜀地富饶，盛产丝帛，这为蜀绣的发展提供了有利的条件。汉朝时期，蜀绣与蜀锦已名扬天下。到西汉末期，蜀地已"女工之业，覆

长江流域饮茶风俗盛行

衣天下"，可见蜀绣的名气之大。

　　古时，蜀绣曾用于绣制朝服和贡品，民国后，蜀地的人们利用蜀绣绣制日常服饰和一些日用品，如幼儿的鞋帽、衣衫等。还会用来绣制床上用品、家居装饰品等，使用范围十分广泛。

精美的蜀绣艺术品

◆ 生动逼真的湘绣

　　湘绣起源于湖南的民间刺绣，已有两千多年的历史。在日常生活中，人们在衣服、荷包、烟袋、屏风上绣上图案，美化服饰和家居。古代女子婚嫁时，陪嫁品中也常常包含各种精美的绣品。

湘绣以参针针法为特色，制作出的绣品具有立体感，绣物更加生动形象，曾获"绣花能生香、绣鸟能听声、绣虎能奔跑，绣人能传神"的美誉。

◆ 柔美温婉的苏绣

苏绣起源于苏州地区。苏州一带气候温和，适宜植桑养蚕，优越的自然条件为苏绣的发展奠定了良好的基础。明清时期，苏州地区"家家养蚕，户户刺绣"，刺绣是当时人们重要的生产活动。

苏州地区的人们喜爱刺绣，刺绣的内容和形式十分丰富，刺绣与人们的生老病死、衣食住行、婚丧嫁娶等都联系紧密。母亲会为未出

苏绣扇面

生的婴儿提前绣好虎头帽、虎头鞋等；孩子周岁时，为孩子准备百家衣，并在上面绣上寓意吉祥的花草、文字等；每逢婚嫁之时，精致的绣品更是布满房间。

指 点

用线丰富的粤绣

中国四大名绣中唯一不是来自长江流域的，就是粤绣。粤绣源自广东，用线十分丰富，除了传统的丝线、绒线，粤绣还会使用孔雀羽毛或马尾缠绒作线。粤绣的绣物通常为龙凤、花鸟等，构图饱满，用色明快，呈现出富丽堂皇的效果。

栩栩如生的粤绣

迷 津

青藏：敦实质朴，
独具高原风情

青藏地区，位于中国西南部，它的主体是青藏高原，包括西藏自治区、青海省以及部分其他省份。青藏地区聚居着大量藏族人，形成了特色鲜明的藏族风俗。

青藏高原上的质朴民风

藏族服饰种类多样，细节有诸多不同，但典型的结构是肥腰、长袖、大襟。

藏族人民注重礼节，待客热情。在一些特殊的场合，如婚丧节庆、拜会尊长、迎来送往等场合，藏族人民会献哈达。哈达在藏语中是"礼巾"的意思，是由绫、绸、丝等原料纺织而成，多为白色，也有蓝色、黄色、红色等彩色。哈达在藏民心中有着特殊的含义，洁白的哈达象征着纯洁、美好、忠诚、吉祥和正义。人们不仅将哈达献给尊贵的客人，还会在藏传佛教寺院大门的铜环上以及农具上系上哈达，祈求事事顺遂、五谷丰登。

青藏高原上的特色美食

　　青藏高原是世界上海拔最高的高原，这里空气稀薄，降水量少，日照充足，昼夜温差大。特殊的地理环境和气候使得青藏高原上不适合小麦、水稻生长，但十分适合青稞生长。青稞是大麦的一种，它耐寒、耐旱、耐贫瘠，是青藏高原居民的主要粮食作物。

　　青稞炒熟磨制后就成了当地人们饭桌上的美味糌粑。糌粑是当地人一日三餐的主食。食用时，人们将一些酥油茶和水加入糌粑中，揉捏成团后直接食用。糌粑吃起来酥软可口，营养丰富，且其加工简单，不易变质，方便携带，因此牧民外出时也常常携带糌粑。

青稞制成的糌粑

除了制成糌粑，人们还用青稞酿造清香的美酒，青稞酒喝起来绵甜爽净，因此每逢过年过节之时，人们的餐桌上都少不了一杯美味的青稞酒。

青藏高原上地理气候特殊，不适合耕种，因此当地居民多以畜牧业为生，这使得酥油茶、奶茶、奶渣和风干肉等成为当地居民的特色美食。

酥油茶是青藏地区独特的饮料。酥油是从牛奶或羊奶中提炼出的淡黄色的脂肪，人们将酥油与茶煮在一起，再添加适量的盐，就制成了口味独特的酥油茶。在寒冷的高原上，喝一口酥油茶，不仅能驱除寒冷，还能解乏充饥，怪不得酥油茶是当地居民家庭每日必备饮品。

酥油茶、奶渣等美食

云贵：民族汇聚，风俗千姿百态

云南和贵州，聚居着我国多个少数民族，云南主要的少数民族有白族、纳西族、傣族、彝族、藏族、哈尼族、普米族等，贵州主要的少数民族有苗族、布依族、土家族和白裤瑶族等，不同的民族有着不同的生活习惯和文化传统，它们一起构成了云贵地区千姿百态的风俗。

颇具内涵的民族服饰

云贵地区少数民族有着自己传统的民族服饰，如苗族服饰色彩夺目、工艺复杂，傣族服饰淡雅美观、注重实用性。各种民族服饰都有着自己的特色，体现了本民族的文化内涵。

聚居于云南省丽江市的纳西族，也有着独具特色的民族服饰。纳西族妇女的服饰古朴素雅，上衣为宽袖大袍，下穿长裤，腰上系百褶围腰。纳西族妇女服饰的最大特色莫过于"披星戴月"披肩了。这种披肩常常使用羊皮制成，披肩上绣着一排七个绣花布圈（代表北斗七星），每个圈中垂下一绺穗子，象征纳西族女性早出晚归、披星戴月、辛勤劳作。纳西族男性上衣通常使用棉或麻制成，下身着深色长裤，束腰带，穿布鞋或皮鞋。

纳西族妇女身着"披星戴月"披肩

丰富多彩的民族节日

云贵地区少数民族众多，不同的少数民族拥有着不同的文化传统与民族风情，一些少数民族用特殊的民族节日来庆祝丰收或表达美好的祝愿，比如彝族的火把节、傣族的泼水节等。

◆ 火把节

火把节，古时称为星回节，是多个少数民族（如彝族、白族、纳西族、普米族等）的传统节日，其中彝族的火把节最为隆重。

彝族的火把节为每年农历的六月二十四日至二十七日。节日来临时，各个村寨都会举行盛大的祭祀活动，村民们祭天地、祭火、祭先祖，祈求风调雨顺、五谷丰登。

火把节历时三天，分为三个阶段。第一天是火把节的开始："迎火"。村民们在这一天宰牛杀羊，以酒肉祭祀祖先，迎接火神。夜晚来临时，人们聚集在一起，诵经祭火，然后手举火把，在田地间游走，以驱除邪恶和灾害。

第二天来到火把节最精彩的阶段："颂火"。这一天是火把节最热闹的一天，男女老少身着盛装，聚集在祭台圣火下，举行赛马、摔跤、射击、斗牛等各种传统节日活动。

第三天到了火把节的尾声："送火"。晚饭过后，人们来到祭台前，手持火把，诵经祈福，祈求村寨安康祥和。之后，人们将火把聚在一起，形成巨大的篝火，然后围着篝火尽情地歌唱、跳舞。

◆ 泼水节

在云贵地区少数民族中，有过泼水节的习俗，其中傣族的泼水节影响面最大、参加人数最多。

傣族的泼水节是傣族的传统节日，原本是为庆祝傣族新年而设。泼水节通常在阳历 4 月中旬举办，为期三天。

节日期间，人们穿上节日盛装，相互追逐、泼水。傣族人认为将水泼到对方身上，能为对方带来健康、吉祥和好运，所以人们伴随着歌声和象脚鼓声尽情地相互泼水，表达自己的祝福。在傣族的这一传统节日里，各家各户的人们都会参与其中，场面十分壮观。

闽台：敬德恋祖，尚武善舟

闽台，指中国福建与中国台湾地区。自古以来，福建与台湾地区联系紧密，曾有大量闽南人从福建移居台湾，人口的迁移使得两地的文化、人文交流更加密切，彼此影响，从而形成了独特的闽台文化与风俗。

崇拜神灵，祭祀先祖

闽台地区多山少田，紧邻大海，这一特殊的地理环境使当地人不得不转向大海谋生。相比于陆地经商，从事海洋贸易需要承受更大的风险，这就使闽台地区的人们希望得到神灵的庇佑。

　　闽台人民崇拜的神灵人物有多个，有医神吴夲、海神妈祖以及清水祖师等。妈祖，是历代船工、海员、渔民共同信奉的神祇，是海上的保护神，渔民们出海前均会进行隆重的拜祭活动，祈求此次出海能够顺利返航。

　　另外，闽台人民十分重视祭祀，在传统年节，如清明节、中元节、中秋节、除夕等，人们会祭祀祖先，表达对祖先的思念与敬重。

　　在祠堂内举办的族祭往往隆重非凡。在祭祀正式开始前，人们先要做一些准备工作，如挂红灯、贴红联、搓红丸等。正式祭祀时设置主祭、陪祭、司仪等，参加祭祀的人们先后进行上香、献花、上供、敬酒、跪拜等活动。

　　人们相信，通过虔诚祭祀神灵、祖先，能够得到祖先和神灵的庇佑，让自己事事顺遂。

海神妈祖雕像

尚武善舟，勇于开拓

　　闽台之地，崇尚武力。战国时期，越王勾践兵败后，越国的一些将士辗转到达福建，他们在当地传播中原文化，并与闽南人融合，形成闽越文化。《汉书·地理志》中记载："吴越之君皆好勇。故其民至今好用剑，轻死易发。"由此可见，闽台人民尚武之风自古有之。

　　闽台之地，与海相邻，海上常有盗贼出没，由于地处边陲，朝廷的兵力有时无法顾及，一些海商只能依靠自己的力量，组织兵力，拿起武器，保卫自己的家园。

　　聪慧的闽台人民还将尚武的精神融入民俗活动当中。早在清朝之时，闽台人民就开创了"刣狮"表演。与传统的舞狮相比，刣狮中融合了更多武术元素。如今，这一传统活动依然存在着，在各种大型传统节庆活动中，"刣狮"表演依然是广受欢迎的保留节目。

　　闽台人民"以海为田，经舟为车"。宋元时期，闽南人开展了远洋贸易。想要扬帆远航，坚固的船只必不可少，因此闽台人民一直都善于造船。宋朝时期，泉州就可建造出20多米的中型海船，元朝时期，泉州成为四大海船建造基地之一。

　　闽台一些渔民以船为家，因此在他们眼中造船是一件大事，在造船开工时有择吉日的风俗。造船正式开工时，亲朋好友还会送礼表示庆贺。在造船的许多重要环节，如进行竖龙骨、安龙目、钉斗盖、下水等步骤时均有祭祀仪式。

闽台人民依靠大无畏的性格、强大的冒险精神以及精湛的造船技术，勇于开拓，终于走通了出海行商的道路。

风俗妙趣

赛龙舟

闽台人民擅长制船的特点在风俗活动中颇有体现。每逢端午节，闽台人民都会举办赛龙舟的活动。

龙舟从制作完成到下水有着一系列的仪式。以福建省永安市贡川镇为例，龙船竣工时，由负责制作的师傅上香叩拜，朗读祭文，人们默默祈福。之后，人们敲锣打鼓，在震天的声响中开启龙船下水仪式。下水后，一些人负责划桨，一些人负责打鼓，还有一些人在唢呐的伴奏下高唱《龙船歌》。到了晚上，人们还会大摆宴席庆祝一番，至此，龙舟下水活动才算圆满结束。

赛龙舟活动当天，场面也十分热闹。数十条龙舟出现在河中，青年男子在龙舟上使出浑身力气快速划桨，两岸的人们齐齐呐喊助威，场面异常宏大壮观。

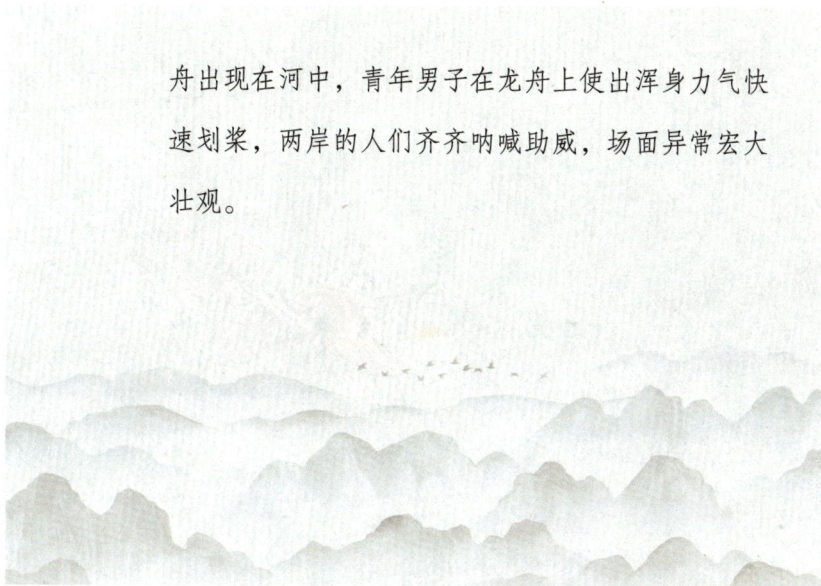

地域风俗，百里不同风，千里不同俗

第七章

风物人情，道不尽中华五千年文明风采

中国传统风俗历经五千年发展，绵延不绝，是中国古老文明的积淀，在中华文明史中具有重要意义。中国风俗包罗万象，包括生产生活、礼仪制度、时节风俗等多种内容，其背后是深厚的传统文化和社会的历史变迁。

古诗词里的传统风俗

古诗词与风俗有着紧密的联系，古诗词往往记录和反映了某一历史时期的社会风情和民风民俗，而特定时期的风俗文化也为古诗词的创作提供了广泛的素材。了解古诗词中的传统风俗，有助于感受古人的生活智慧和情趣。

《诗经》里的传统风俗

《诗经》作为我国第一部诗歌总集，描述了先秦时期人们的日常生活，也记录了这一时期的婚姻、祭祀、饮食、歌舞等方面的很多风俗习惯。

先秦时期，民风开放，青年男女互赠信物寄托相思是常有的事。《诗经·郑风·溱洧》中描写了郑国上巳节时，人们在溱水和洧水边游玩的场景，其中有"维士与女，伊其相谑，赠之以芍药"的诗句，指的是青年男女互赠芍药以表相思。后人借此意，常用芍药象征爱情，而赠送芍药表达思念之情的风俗也从先秦一直流传至今。

《诗经·陈风·东门之枌》也是关于爱情的诗歌，记载了陈国男女互赠信物的风俗。其中有"视尔如荍，贻我握椒"的诗句，指的是男子将花椒赠送给女子，以表达爱慕之情。花椒多子，古人常用花椒象征爱情的美好，汉朝时，皇后的住所称为椒房，用花椒和泥涂墙，寓意多子多福。

中国早在商周时期就进入了农耕社会，因而关于农事的风俗在《诗经》多有体现。《诗经·豳风·七月》记载了周朝的农耕风俗，"四月秀葽，五月鸣蜩。八月其获，十月陨蘀""九月筑场圃，十月纳禾稼。黍稷重穋，禾麻菽麦"等诗句描写了人们耕种、采桑、缝补衣物、狩猎、酿酒、建造房屋、宴饮等生活日常，记载了人们一年四季的生活风俗。

唐诗宋词里的传统风俗

唐朝是中国诗歌发展的巅峰时期，也是风俗文化逐渐走向成熟的时期。唐朝国力强盛，世俗文化兴起，社会风俗与文人雅趣相结合，在唐诗中多有体现。

唐朝科举制逐渐完善，科举取士成了人们入仕的主要途径，天下由此兴起了尊儒尚贤的风潮，由科举而兴起的曲江宴饮、雁塔题名等诸多风俗对后世影响深远。时至今日，孟郊的"春风得意马蹄疾，一日看尽长安花"仍是学子们激励自己的佳句。

唐朝进士放榜之日临近上巳，因此人们有在上巳宴饮聚会的风俗。进士放榜后，朝廷会在曲江设宴，皇帝也会参加。宴会上人们欣赏乐舞、饮酒作诗，为一时佳话。

王维的《三月三日曲江侍宴应制》写的便是曲江宴，"画旗摇浦溆，春服满汀洲"，可见场面之盛大。进士刘沧有《及第后宴曲江》："及第新春选胜游，杏园初宴曲江头。紫毫粉壁题仙籍，柳色箫声拂御楼。"前两句写的是曲江宴，后两句是在唐朝兴起的另一风尚——雁塔题名。

唐朝的进士在科举及第后，往往会将自己的名字写在慈恩寺大雁塔上，史称雁塔题名。能够在雁塔题名，是很多人引以为豪的事情，白居易就曾写下"慈恩塔下题名处，十七人中最少年"的诗句。这一风俗被后世保留了下来，朝廷会专门建立进士题名碑，供进士题字留名。

唐朝是多元融合的朝代，国力强盛，文化开放。随着西域文化的传播，胡风成了唐朝的流行风俗，舞乐、服饰、饮食等多方面都受到了胡风的影响。李白的"落花踏尽游何处，笑入胡姬酒肆中"，白居易的"胡麻饼样学京都，面脆油香新出炉"，岑参的"花门将军善胡歌，叶河蕃王能汉语"等诗句都体现了胡风在唐朝的盛行。

地方风俗在唐诗中也有体现。竹枝词是巴蜀地区的民歌，一般以当地的风土人情为主题进行创作。唐朝诗人刘禹锡将竹枝词写入诗中，赞颂巴蜀地区的风土人情、山水风光，他的《竹枝词九首》与《竹枝词二首》都是反映巴蜀风俗的佳作，从"楚水巴山江雨多，巴人能唱本乡歌""杨柳青青江水平，闻郎江上唱歌声""两岸山花似雪开，家家春酒满银杯"等诗句可以看出巴蜀人喜爱唱歌、饮酒的风俗。

宋朝商业发达，经济繁荣，市民阶层兴起，人们的娱乐方式增多，社会风俗也随之改变。

宋词中有大量的以节令风俗为题材的作品，这也是风俗与诗词相融合的体现。比如，张先的《木兰花·乙卯吴兴寒食》中就有关于宋朝寒食节踏青的描写："芳洲拾翠暮忘归，秀野踏青来不定。"李清照的"海燕未来人斗草，江梅已过柳生绵"描写了寒食节斗草的风俗。柳永的"运巧思，穿针楼上女"描写了女子在七夕节乞巧的风俗，"列华灯，千门万户"说的是元宵节赏花灯的风俗。

宋朝人追求风雅，簪花是宋朝的流行风尚，无论男女都以簪花为美。周邦彦的"残英小、强簪巾帻"，吴文英的"倦蝶慵飞，故扑簪花破帽"，陆游的"长歌穿小市，短帽插幽花"等诗句都描写了簪花的风俗。

胡风的发展

魏晋南北朝时期，北方少数民族内迁，其风俗习惯在北方地区传播，开始与北方风俗相融。

隋唐时期国家统一，民风开放，胡风成了人们追求新颖的标志，人们开始穿胡服、学习胡人的音乐。胡旋舞便是从西域传入中原，并在中原得到发展的舞蹈。白居易曾作《胡旋女》，诗云："弦鼓一声双袖举，回雪飘飘转蓬舞"。

唐朝盛行的马球也是由西域传入中原的，唐朝壁画《马球图》中便记载了当时人们打马球的场景。马球这项运动流传至今，如今是国家非物质文化遗产之一。

胡风的发展彰显了中国传统风俗文化强大的包容性，正是这种包容性促进了多民族风俗的融合发展。

中国特色风俗事象、物象

中国很多风俗活动源远流长、广泛流行，比如人们在除夕贴春联、窗花，在重阳节登高、赏菊等。同时，由于我国地域广阔，受到不同地域文化的影响，也产生了不少特色风俗事象、物象。

比如，在山东潍坊，放风筝的风俗自古有之，当地几乎年年都会举办热闹的风筝赛会，吸引着各地的游人、民间手艺人纷至沓来，流连忘返。直到如今，放风筝还是当地广受欢迎的娱乐方式之一。潍坊在每年4月都会举办风筝节，吸引了大批游客参与其中。

在广东，流行着一种特殊的饮食风俗——早茶。很多广东人在早上固定时段会雷打不动地出现在茶楼、茶馆或早茶餐厅里，他们中的年轻人吃过早茶便开始了一天匆匆忙忙的生活，老年人则一面闲话家常，一面慢悠悠地品尝香茗和茶点。

在湘、鄂等土家族广泛分布的地区，人们称过年为"赶年"，因为当地人通常会提前一天过年。土家族人过年时会做和菜，祭祀

潍坊风筝

广州早茶特色点心

树神。

在黔东南的苗族，人们有过"苗年"的传统风俗。苗年期间，家家户户都将屋里屋外打扫得干干净净，并准备好猪肉、羊肉、糯米等食材。苗年的年夜饭讲究"五味俱全"，丰盛至极。除了吃年夜饭以外，苗年期间的代表性民俗活动还有祭祖、打糯米粑等。

除了放风筝，饮、食早茶，过"赶年""苗年"等特色风俗事象外，我国还有很多独特的风俗物象，比如兔儿爷、泥人张等。

兔儿爷是一种手工艺品，流行于北京地区，当地有在中秋节时供奉"兔儿爷"的风俗。这一风俗自古有之，清代诗人栎翁曾写诗记录了这一风俗："团圆佳节庆家家，笑语中庭荐果瓜。药窃羿妻偏称寡，金涂狡兔竟呼爷。秋风月窟营天上，凉夜蟾光映水涯。惯与儿童为戏具，印泥糊纸又搏沙。"

兔儿爷一般是泥塑的，头戴盔甲，身披铠甲，大小不一，形态各异，活脱脱的"兔武士"的形象。兔儿爷起源于月亮崇拜，一开始是人们祭月的供品，在历史发展过程中逐渐演变成一种特色玩具，可以说它是京味风俗文化的代表性物象之一，有着丰富的历史积淀。

我国民间有做泥制玩具（古代称"耍货"）玩赏的风俗，这使得泥塑这种民间艺术广泛发展、大放异彩。比如天津的泥人张彩塑，从民间风俗中大量取材，神形兼具，栩栩如生，得到了人们普遍的喜爱。

中国特色风俗事象、物象形式多样，意蕴悠长，体现了中国传统风俗文化的多样性，具有重要的历史价值。

兔儿爷

泥人张彩塑

风
俗
妙
趣

有趣的赠礼

　　糯米饭是云南苗族的主食，也是人们走亲访友的重要礼品。新媳妇见公婆，女婿见岳父母，都可以赠送糯米饭。女子可将糯米饭赠予心爱的男子，以示爱意。

　　在云南陇川景颇族，人们赠送植物来表达爱

意。树根代表想念，辣椒代表炽热的爱，树叶则是"我有很多话想告诉你"。男子将这些植物用线包好送给女子，如果女子将原物返回，则表示自己接受了男子的爱意；如果女子不同意，则会在原物上加一块火炭。

在鄂西土家族，人们流行送酢包儿。办喜宴时，人们会准备一碗辣椒炒猪肝，让客人用红纸包裹拿回家。

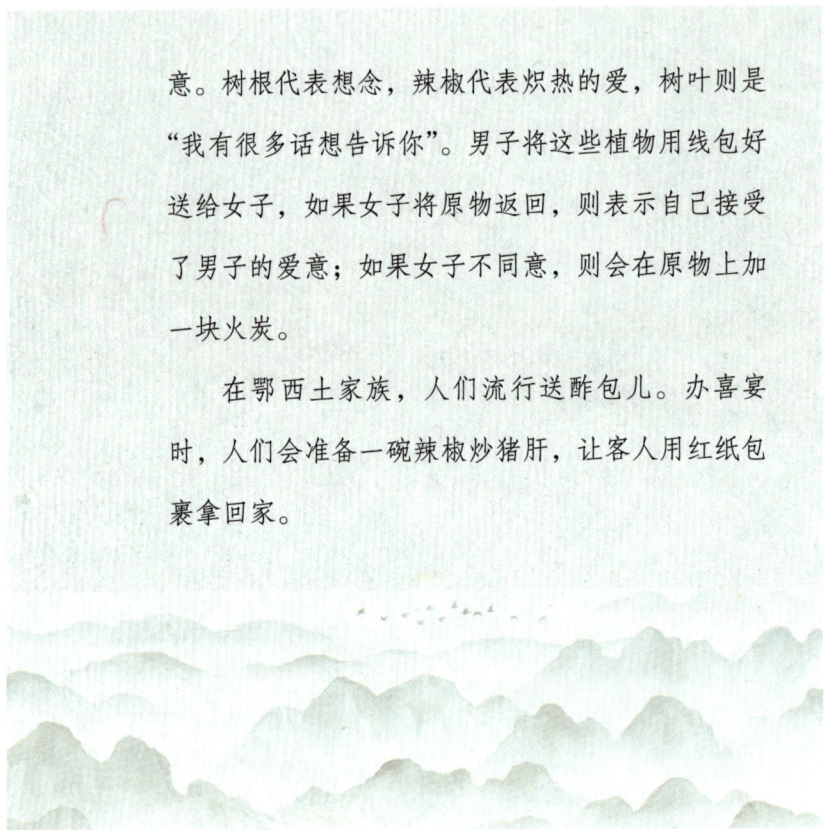

储旧纳新，中国风俗焕发新风采

　　中国风俗文化从史前开始不断发展，并传承至今。身处新时代，中国风俗一直在储旧纳新，焕发新的风采。

　　传统风俗的内涵与功能是随着时代的发展而发展的。在数字化发展如火如荼的今天，受现代人的生活方式、文化观念等的影响，传统风俗也随之呈现出多维度特征，在多方面都有了显著的变化。比如，在过去，人们过年时通过互相串门或邮寄拜年贺卡、发送拜年短信等方式传达新春祝福，到了今天，人们可以通过发送"语音拜年红包"、制作拜年短视频等方式传达祝福。可见，传统年俗在发展的过程中与时代风尚相融合，形成了现代化的节日风俗特点。

　　另外，乘着新时代的东风，借助时代元素的融入，很多传统风俗一改往日面貌，彻底焕发新生。比如，现代旅游业与传统风俗文化相结合，形成了独具特色的旅游项目。蒙古族的那达慕大会、傣族的泼水节等节日都成了特色旅游项目，吸引各地游客参与其中，这正是风俗文化储旧纳新的体现。

另外，赋予优秀传统风俗文化新的时代内涵，通过数字化技术不断地扩展其传播方式和传播渠道，也是令优秀传统风俗文化重放光芒的重要途径。比如建造风俗文化数字博物馆，配合 AR、VR 等多媒体设备和互动技术让人们亲身体验、感受风俗文化独特的魅力，加强人们对传统风俗的探索欲望。而这种创新方式甚至能令很多已经消失了的或正在消失的传统风俗逐渐"复活"，重回人们的视野。

简而言之，随着时代的发展，人们应当用科学的、发展的观念看待传统风俗，注重传统风俗的开发与保护，让传统风俗具有新的时代风采。

参考文献

[1] 董恒年 . 美丽黑龙江 [M]. 北京：蓝天出版社，2014.

[2] 董恒年 . 美丽西藏 [M]. 北京：蓝天出版社，2014.

[3] 董恒年 . 美丽云南 [M]. 北京：蓝天出版社，2014.

[4] 冯永谦，张兴刚，刘云端 . 灯塔市历史与文化 . 非物质文化遗产卷 [M]. 沈阳：辽宁人民出版社，2011.

[5] 高天星 . 中国年节物语 [M]. 郑州：中原农民出版社，2008.

[6] 季琪 . 二十四节气全知道 [M]. 北京：中国纺织出版社，2012.

[7] 姜正成 . 神州节律 [M]. 北京：现代出版社，2010.

[8] 李福祥 . 中卫风物 [M]. 银川：宁夏人民出版社，2019.

[9] 李慕南 . 民居民俗 [M]. 郑州：河南大学出版社，2001.

[10] 李少林 . 中华民俗文化——民居 [M]. 呼和浩特：内蒙古人民出版社，2006.

[11] 刘晓莉 . 诗词里的民俗 [M]. 西安：西安出版社，2018.

[12] 沈从文，王予．中国服饰史 [M].北京：中信出版社，2018.

[13] 田建华，向良喜．中华民俗全知道 [M].北京：中国纺织出版社，2012.

[14] 王明强，汉竹．节气时令吃什么 [M].南京：江苏科学技术出版社，2013.

[15] 王衍军．中国民俗文化 [M].广州：暨南大学出版社，2011.

[16] 王越．美丽福建 [M].北京：蓝天出版社，2014.

[17] 王仲一，洪济龙．民俗文化探幽 [M].西安：陕西旅游出版社，2006.

[18] 袁凤东．中国礼仪风俗文化与常识 [M].北京：现代出版社，2015.

[19] 张亮采，尚秉和．中国风俗史 [M].北京：中国社会科学出版社，2012.

[20] 张妙弟．美丽贵州 [M].北京：蓝天出版社，2015.

[21] 张云燕．中国社会生活史 [M].哈尔滨：黑龙江大学出版社，2014.

[22] 周丽霞．特色鲜明的地域风情 [M].北京：现代出版社，2018.

[23] 贾平．宋词与民间文化 [D].武汉：华中师范大学，2015.

[24] 刘康.盛唐诗歌"胡化"现象研究 [D].长沙：长沙理工大学，2014.

[25] 涂庆红.《诗经》风俗的归类研究 [D].成都：四川师范大学，2002.

[26] 张忠芳.唐宋男性簪花诗词研究 [D].南京：南京师范大学，2015.

[27] 陈英征.浅析"门当"与"户对"的文化内涵 [J].科教导刊（中旬刊），2012（16）：114-115.

[28] 黄江平.从民俗文化的角度看科举制度的深刻影响 [J].科举学论丛，2007（01）：46-51.

[29] 熊灵娜.扎坝走婚形式的变化及其原因分析 [J].成都工业学院学报，2017（1）：50-53.

[30] 于志鹏.唐诗视野下的唐代民俗生活略论 [J].华北电力大学学报，2014（01）：107-110.

[31] 赵瑾.从宋词看宋代社会风俗 [J].开封大学学报，2011（02）：17-19.

[32] 李裕民.雁塔题名研究 [J].长安大学学报，2010（02）：1-7.

[33] 潘子檬.中国传统家风的文化载体探析 [J].南方论刊，2022

（12）：7-9+100.

[34] 吴晓东.简论中国民俗文化的心理结构 [J]. 锦州师范学院学报（哲学社会科学版），2003（03）：60-62.

[35] 张琪亚.图腾祭礼：民间祭祀的宗教渊源 [J]. 贵州民族学院学报（哲学社会科学版），2002（06）：13-18.